grafit

Dieses Buch ist ein Roman. Handlungen und Personen sind frei erfunden. Ähnlichkeiten mit lebenden oder toten Personen sind nicht gewollt und rein zufällig.

Bibliografische Information der Deutschen Nationalbibliothek
Die Deutsche Nationalbibliothek verzeichnet diese Publikation in der Deutschen Nationalbibliografie; detaillierte bibliografische Daten sind im Internet über http://dnb.d-nb.de abrufbar.

MIX
Papier | Fördert gute Waldnutzung
FSC® C083411

Cäcilienstraße 48, D-50667 Köln
Internet: http://www.grafit.de
E-Mail: info@grafit.de

Umschlaggestaltung: Franziska Emons-Hausen,
unter Verwendung von iStockphoto.com/levers2007
Gestaltung Innenteil: DÜDE Satz und Grafik, Odenthal
Lektorat: Dr. Marion Heister
Druck und Bindearbeiten: CPI – Clausen & Bosse, Leck
ISBN 978-3-89425-790-3
1. Auflage 2022

Gerlinde Michel

Die Toten von Cork

Kriminalroman

grafit

Gerlinde Michel wurde 1947 in Bern geboren. Nach abgeschlossenem Anglistikstudium an den Universitäten Bern und Hull (Großbritannien) arbeitete sie als Englischlehrerin, Leiterin einer internationalen Jugendaustauschorganisation und als Redakteurin einer Fachzeitschrift. Seit 2006 ist Gerlinde Michel freie Autorin. Sie hat eine erwachsene Tochter und lebt in Spiez.
www.gerlindemichel.ch

Für die Mütter und Kinder von Tuam

At Tuam

Among the hundreds of children who stare up at us from their septic tank
are James Muldoon, who died in 1927
at the age of four months. At least he would never be forced to thank
the Lord for mercies large or small. That cry to high heaven
must come from Brendan Muldoon, who died in 1943
at a mere five weeks. A teenage nun bows before an unleavened
host held up by a priest like a moon held up by an ash tree.
In 1947 the eleven month old Bridget Muldoon, a namesake of the mother
who would shortly give birth to me,
has already distinguished herself as being a bit of a bother
while Dermott Muldoon, three months old in 1950, is about to join the ranks
of my foster-sisters and foster-brothers
in that unthinkable world where a wasp may recognize another wasp's face
and an elephant grieve for an elephant down
at the watering place.

Paul Muldoon, October 27, 2017

Prolog

Aus der Vogelperspektive sieht dieser Abschnitt der Südküste Irlands aus wie ein Flickenteppich: Sattgrüne Rechtecke aus Weideland heben sich von den braunen Streifen der Torffelder und von olivgrünen, mit Farnen und Heidekraut überwachsenen Hügelflecken ab. Da und dort glitzert der Spiegel eines Sees oder Tümpels in der Sonne. Zur Blütezeit des Heidekrauts überzieht violetter Schimmer das Braungrün des Landstrichs, dazwischen leuchten gelbe Halden von blühendem Ginster. Einzelne Höfe und Häuser, eine Ansammlung größerer Gebäude neben einer Kirche, hie und da eine Baumgruppe oder ein Wäldchen sprenkeln das dünn besiedelte Küstengelände. Wenige Straßen schneiden mit hellem Strich Nähte durch die Landschaftsdecke; wo sie ans Meer grenzt, bricht sie zu felsgesäumten Buchten ab. Unablässig schlägt die Nordsee gegen das Steilufer.

Ein Kind, ein vielleicht elfjähriges Mädchen, rennt durch hüfthohes Farnkraut einen Hügel hinauf. Es trägt zerschlissene Jeans und einen Kapuzenpullover, der vor zahllosen Waschgängen wohl einmal königsblau leuchtete. Längst ist dem Mädchen die Kapuze von den Haaren gerutscht, sein Atem geht hart. Es schaut zurück, verfängt sich im dichten Farn und stolpert beinahe über eine Wurzel. Einmal fällt es ins Heidekraut, weil der Turnschuh auf einer rutschigen Stelle nicht greift. Es rappelt sich hoch und läuft weiter, ohne zu spüren, dass Brombeerdornen seinen Handrücken aufgeritzt haben und Blut aus der Wunde quillt.

Statt oben auf der Hügelkuppe anzuhalten und Atem zu schöpfen, läuft das Mädchen weiter, sucht einen Weg zwischen verfilztem Heidekraut, Farnknäueln und Brombeerranken dorthin, wo das Gelände zuerst sanft und danach steiler gegen einen See hinabfällt. Wieder bleibt sein Fuß im Gestrüpp hängen, es stürzt der Länge nach zu Boden. Erst als das Kind die mit feuchter Erde verschmierten Hände an den Jeans abwischt, bemerkt es die blutende Wunde auf dem Handrücken. Es leckt das Blut von der Haut, schaut zurück. Danach sucht es einen trockenen Platz und setzt sich schwer atmend ins Gras.

Zur Rechten des Mädchens, von grünen Hügeln eingefasst, weitet sich der See. Unter dem gleichförmigen Grau des Himmels wirkt der Seespiegel wie gegossenes Blei. Am Fuß des Hügels, vielleicht zwanzig Schritte tiefer, verengt sich das Gewässer und sucht als Fluss den Zugang zum Meer. Keine Brücke führt über die Strömung, die nach wenigen Metern zwischen Felsbrocken verschwindet. Auf dieser Seite ist kein Durchgang.

Will das Mädchen weiterkommen, bleibt ihm nur der Weg in die andere Richtung, am Seeufer entlang. Der See ist nicht sehr groß und ließe sich leicht umrunden. Von seinem Sitz kann das Mädchen das obere See-Ende erkennen. Es liegt im Schatten eines Waldes, der auch das gegenüberliegende Ufer säumt. Neben dem Waldrand fällt eine Wiese in Richtung des Wassers ab, ein paar Häuser sprenkeln ihr Grün, weiße Mauern und hellrote Dächer dicht nebeneinander.

Das Mädchen kneift die Augen zusammen. Aus der Entfernung, quer über den See hinweg, erscheinen die Gebäude klein wie Spielzeughäuser. Trotzdem kann es jetzt Bewegung erkennen, ein Auto, das anhält, Menschen, die aussteigen. Eine Figur ist kleiner als die anderen, sie gleicht einer winzigen Maus, die zwischen den anderen Figuren hin und her schießt. Die Augen des Mädchens tränen wegen der Anstrengung, alles genau zu erkennen, bis die Gestalten im größten der Häuser verschwunden sind. Auch auf der Wiese unterhalb der Gebäude bewegt sich etwas. Es sind Pferde, sieht das Mädchen, ein schwarzes, ein weißes und zwei falbe. Gemächlich bewegen sie sich über die Weide, bleiben stehen und halten Distanz voneinander, pferdeförmige Flecken im grünen Gras.

Das Mädchen steht wieder auf, sein Atem hat sich beruhigt. Bevor es weiterläuft, fällt sein Blick auf den Fluss direkt unter ihm. Es erstarrt. Das Wasser, das vorher glatt und zügig in Richtung Meer geflossen ist, steht still. Unversehens wölbt sich ein dicker Wasserwulst zwischen den Ufern hoch, verharrt einen Augenblick, ein lebendiges zitterndes Wesen, und fällt lautlos wieder in sich zusammen. Und als ob es nie etwas anderes getan hätte, fließt das Wasser jetzt vom Meer in den bleifarbenen See.

Mit einem Schrei jagt das Mädchen den Hügel hinauf in die Richtung, aus der es gekommen ist. Ohne sich umzusehen und ohne auf Dornen, rutschige Stellen und Stolpersteine zu achten, rennt es über die Hügelkuppe und weiter, immer weiter. Es stürzt, rappelt sich auf und hetzt, atemlos, keuchend und so schnell es überhaupt geht, den Hügel hinunter und hoch über die nächste Kuppe.

1

Vor dem Regal mit den irischen Whiskeys merkt Markus Felchlin, dass Lukas fehlt. Chloë tänzelt neben ihm von einem Bein aufs andere und zerrt gedankenverloren den Reißverschluss ihrer Windjacke hoch und wieder hinunter. Reisende mit Rollkoffern und Schultertaschen drängen durch die Gestelle, Gruppen halten vor den Auslagen und verstopfen die Durchgänge. Bei den Parfums, Severins Hand fest in ihrer Linken, lehnt Carla am Ladentisch und lässt sich etwas zeigen. Doch Lukas' brauner Schopf ist nirgends zu sehen.

Felchlin stellt den Kilbeggan zurück ins Regal. Während seine Augen zum zweiten Mal systematisch den Raum absuchen, läuft er in Gedanken die Route der vergangenen Minuten ab. Sie hatten den Duty-free-Bereich bereits durchquert und waren in Richtung der Gates gebummelt, als Severin rief, er müsse aufs Klo. Carla verschwand mit dem Kleinen in der nächstgelegenen Toilette, er wartete mit Lukas und Chloë vor einer Auslage mit Taschenmessern und Plüschbernhardinern. Danach erinnerte sich Carla, dass sie eigentlich geplant hatte, im Duty-free nach einem bestimmten Parfum zu suchen, Zeit dafür gebe es ja genug. Auf dem Weg zurück riss sich Severin von Carlas Hand, Chloë sauste hinterher, bis sie den Vierjährigen zu fassen bekam. Er und Carla folgten im Laufschritt. Von seinem Sohn nahm Felchlin wie selbstverständlich an, dass er ihnen folgte.

»Chloë, wir haben Lukas verloren. Ich gehe ihn suchen. Carla und Severin sind drüben bei den Parfums, du wartest bei ihnen und sagst, wir kämen gleich, okay?«

Ohne die Reaktion seiner Tochter abzuwarten, läuft Felchlin zurück in die Halle. Mit seinen vierzehn Jahren ist Lukas recht groß gewachsen und sollte in der Menge auffallen. Nach kurzem Zögern wendet sich Felchlin nach links, geht an der Bar vorbei und überprüft die Geschäfte beidseits der Halle. Die Ferien fangen ja gut an. Er hätte Lukas nicht aus den Augen lassen dürfen, im Menschengewimmel des Flughafens mit den unzähligen Ab- und Durchgängen, Hallen, Korridoren, Treppen und Liften, wo sich nur Angestellte und Vielflieger auskennen. Unruhe mischt sich in Felchlins Ärger. Beim Weiterlaufen zieht er das Smartphone aus der Hosentasche und tippt Lukas' Nummer an. Das Mobiltelefon des Jungen steckt vorn in seinem Rucksack, daran kann sich Felchlin erinnern. Nur ist es wahrscheinlich ausgeschaltet, weil Lukas es selten benützt. Wie befürchtet läuft der Anruf ins Leere.

An den Bernhardinern vorbei eilt Felchlin in die Männertoilette, ruft laut Lukas' Namen. Niemand antwortet. Felchlins Nervosität wächst. Er verdrängt die Erinnerung an entführte oder verlorene Kinder, deren Fälle auf seinem Schreibtisch landeten und ihn manchmal wochenlang beschäftigten. Den Gedanken an ein schlechtes Omen für die Ferien verbietet er sich. Lukas ist kein hilfloses Kleinkind mehr, das sich einfach so verirrt. Doch wenn er in den nächsten Minuten nicht auftaucht, wird er ihn ausrufen lassen. Irgendwo hier muss er sich ja aufhalten. Nicht einmal der Träumer Lukas würde seinen eigenen Namen im Lautsprecher überhören.

Sein Sohn hat sich weder in die Schokoladenboutique noch in die Herrenmodenlounge verirrt, also weiter. Das letzte Geschäft vor der Treppe ist ein Kiosk mit Buchabteilung. Felchlin späht zwischen die Bücherregale, drängt sich, vorbei an Menschen mit Büchern in den Händen, durch die Reihen. Sonst so furchtlos, verspürt er auf einmal irrationale Angst. Sein Herz schlägt bis zum Hals.

Er biegt um das letzte Regal, tritt beinahe auf ein paar Füße in Turnschuhen. Vor einem Gestell mit aufgestapelten

Büchern und einem Plakat, das auf eine Neuerscheinung hinweist, sitzt Lukas am Boden, ein offenes Buch vor dem Gesicht.

»Hey, Lukas, was soll das zum Teufel? Ich laufe herum und suche dich wie blöd, und du sitzt seelenruhig hier und liest! Geht's noch?«

Eigentlich wollte Felchlin gar nicht so laut schreien. Ein paar Köpfe fahren herum, neugierige Augen starren herüber. Erschrocken schaut Lukas vom Buch auf, einen Anflug von Schuldbewusstsein im Blick. Er steht auf.

»*Fuck, sorry*, Paps. Aber sie haben den neusten Stephen King.«

Wie zur Entschuldigung streckt er seinem Vater den Band seines Lieblingsschriftstellers entgegen. Lukas' Erschrecken ist echt, sieht Felchlin. Die Faust in seinem Magen öffnet sich, fast gegen seinen Willen beginnt sein Ärger zu schmelzen.

»Und was jetzt? Willst du ihn kaufen? Von mir bekommst du keinen Rappen, das ist dir wohl klar.«

Noch immer ist seine Stimme scharf, obwohl die Erleichterung seinen Unmut fast getilgt hat. Lukas dreht das Buch in den Händen. Er zögert. Dann legt er den Band zurück auf den Stapel.

»Ich weiß nicht. Der Anfang ist gar nicht so toll. Und ich kann das Buch später von Basil ausleihen, er kauft jeden King.«

Sie laufen zum Duty-free zurück. Felchlin verzichtet auf weitere Ermahnungen, er ist einfach nur noch froh, dass er Lukas gefunden hat. Laura würde ihm seine Nachsicht übel nehmen. Sie ist davon überzeugt, dass vor allem sie es ist, die die Kinder erzieht. Er sehe ihnen alles nach, mache auf guten Kumpel, der typische Schönwettervater. Die Vorwürfe sind so alt oder noch älter als ihre Scheidung, aber deswegen nicht wahrer, findet Felchlin. Bei ihm läuft das Erziehen einfach etwas anders als bei Laura. Sie explodiert regelmäßig wegen Kleinigkeiten, er bleibt ruhig und lässt sich Zeit für Erklärungen, handelt dabei nicht weniger konsequent, ist Felchlin überzeugt. Und Lukas war seit jeher ein Träumer. Noch immer, wie als kleiner Bub, kann er sich an eine Stimmung oder an einen Moment vollständig verlieren und dabei alles andere vergessen. So wie eben.

Felchlin betrachtet seinen Sohn von der Seite, wie er sich linkisch einen Weg durch die Menge bahnt, sieht sein kindliches Gesicht mit dem ersten Flaum auf der Oberlippe. Zum Gefühl der Leichtigkeit gesellt sich Vorfreude, und die soeben verspürte Anspannung macht für ihn alles noch kostbarer. Er hat zwei gut geratene und gesunde Kinder, zwei Wochen Sommerferien liegen vor ihnen. Nach den langen Monaten, in denen er die Kinder oft nur an Wochenenden zu sich nehmen konnte, mutet die gemeinsame Zeitspanne wie purer Luxus an.

Vor dem Duty-free unterhält sich Carla mit einem älteren Paar, der Mann in kariertem Hemd, die Frau mit Rollkoffer. Die untersetzte Gestalt des Mannes, das Hemd, die ausladenden Armbewegungen – es kann nur Oskar Abderhalden sein. Felchlin fasst ihn von hinten an die Schulter. Sein früherer Vorgesetzter dreht sich um und starrt ihn ungläubig an. Sein Blick wandert zurück zu Carla, er schmunzelt und begrüßt Felchlin mit einem kräftigen Händedruck. Felchlin schüttelt Ursula Abderhaldens Hand, Oski schaut in Richtung Café-Bar.

»Carla und Felchlin – das muss man feiern! Habt ihr Zeit für einen Kaffee? Unsere Einsteigezeit ist erst in einer Stunde.«

Sie finden einen freien Tisch, bestellen Cola und Buttergipfel für die Kinder, Kaffee für die Erwachsenen. Abderhalden redet nicht lange um den Brei herum.

»Ursula, du erinnerst dich – Markus Felchlin, mein bester

Mann im Revier, und Carla Zenruffinen, meine beste Polizistin, zu den guten alten Zeiten. Schade, das ist vorbei, jedenfalls für mich. Seid ihr zwei jetzt zusammen – oder darf man das nicht wissen?«

Carla lacht, fasst die hennaroten Haare im Nacken zusammen und schaut von Abderhalden zu Felchlin. Seit sie nicht mehr bei der Kantonspolizei arbeite, sähen sie sich nur selten, hic und da ein Feierabendbier, mehr nicht. Beim letzten Treffen habe sie ihn nach seinen Ferienplänen gefragt. Zwei Wochen mit den Kindern in einem Haus in Irland, hörte sie. Eigentlich wollten Felchlins Schwester und Nichte mitkommen, doch wegen eines Beinbruchs der Nichte mussten sie absagen. Was denn Carla vorhabe?

»Und ich sage zu Markus: Irland? Dort wollte ich schon lange mal hin. Könntest du dir vorstellen, dass Severin und ich statt deiner Verwandten mitkommen?«

Sie hebt Severins angegessenen Buttergipfel vom Boden auf.

»Was er für ein Gesicht machte, verrate ich nicht. Wie ihr seht, konnte er es sich vorstellen. Und wie die Dinge in zwei Wochen aussehen, erzählen wir dir später. Oder auch nicht.«

Alle lachen, Abderhalden schmunzelt, Ursula Abderhalden rettet das schief stehende Glas aus Severins Hand und stellt es auf den Tisch.

»Du und Katrin, ist das vorbei?«

Als Abderhalden noch Chef der Kriminalabteilung war, tauschte man wenig Privates aus. Doch für die Grundfakten im Leben seines Teams interessierte er sich immer, nebst gutem Essen, dem FC Zürich und den Montecristos, seinen Lieblingszigarren.

»Seit gut einem Jahr. Alles wurde zu kompliziert.«

Oski sieht aus, als wolle er eine Frage nachschieben. Er brummt etwas von Bernerinnen und Zürchern, schweigt wieder und zuckt mit den Schultern. Die Erwachsenen rühren im Espresso, beißen in die übrig gebliebenen Buttergipfel und fangen nach einer Pause an, über ihre Ferienpläne zu sprechen. Felchlin schildert, wie er auf das Haus in Irland kam, Lukas schießt mit dem Smartphone ein Foto von allen. Chloë leckt Blätterteigbrösel von ihren Fingern und schiebt sich neben Felchlin auf die Armlehne.

»Paps, wann gehen wir endlich zum Flieger?«

Felchlin schaut auf die Uhr und nickt. Die Konsumation gehe auf ihn, insistiert Abderhalden und ruft nach der Bedienung. Schließlich stehen alle, schlüpfen in die Rucksackriemen und wünschen sich gegenseitig schöne Ferien.

2

Rascher als Lukas hat Chloë den Fensterplatz ergattert, ihr Bruder blättert ergeben im Flugmagazin und bleibt bei einem Bericht über Vulkanismus im Mittelmeer hängen. In der Reihe vor Felchlin und den Kindern sitzen Carla und Severin. Nach dem unvermeidlichen Klobesuch hat der Kleine die Funktion des Klapptischs entdeckt; unermüdlich senkt er die Tischplatte und klappt sie wieder nach oben. Als der Servicewagen bei ihnen anhält, wünscht Felchlin ein Bier zum Sandwich, die Kinder eine Cola. Zufrieden kauen sie ihre Brote. Felchlin beobachtet, wie Carlas kupfriger Haarbüschel über der Rückenlehne auftaucht und wieder verschwindet. Langsam trinkt er sein Bier. Die Vibrationen des Flugzeugs wirken auf ihn wie ein Entspannungsbad.

Felchlin spürt die Müdigkeit, vor allem im Kopf. Die letzten Wochen waren anstrengend, selbst für einen erfahrenen Polizisten wie ihn. Im Mai der Fall des mexikanischen Drogenrings, später ein wüster Raubmord, zu allem Überfluss der Hackerangriff auf ihre Datenbank. Der wird sie noch lange beschäftigen. Und alles neben dem täglichen Grundrauschen auf der Wache. Dazu gefühlte hundert Wochenenden im Bereitschaftsdienst, von den durchwachten Nächten im Einsatz ganz zu schweigen. Wegen der Sparpolitik nie genug Leute im Dienst. Andreas Siebers Ferien in Griechenland waren wohlverdient, aber kamen zur falschen Zeit, genauso wie Florim Rexhajs drittes Kind und sein unbezahlter Vaterschaftsurlaub. Oder war es das vierte Kind? Felchlin kann sich nicht erinnern. Und alles ohne Carla Zenruffinen. Natürlich versteht er, dass Polizeiarbeit mit einem Kind und ohne Partner auf Dauer unmöglich ist. Irgendwann blieb Carla keine Wahl, sie musste kündigen und eine Teilzeitstelle mit geordneten Arbeitsstunden suchen. Trotzdem. Sie fehlt grausam.

Er beißt ins Sandwich, spült mit Bier nach. Und jetzt sitzen wir im selben Flieger nach Cork, denkt er, und vor mir hüpft ihr Haarschopf auf und ab. Abderhalden hat nicht grundlos gestaunt. Es ist eine Ferienreise mit viel Unberechenbarem: zwei Wochen Dauerpräsenz der Kinder, eine abgelegene Gegend in Irland mit unsicherer Wetterprognose und als Begleitung Carla mit ihrem kleinen Sohn.

Beim Gedanken an Carla spürt Felchlin wieder Unsicherheit. Mit ihrem Wesen hat das wenig zu tun. Carlas unkomplizierte Art wischt Bedenken und Hürden beiseite wie Staub, ihr Lachen ebnet die meisten Hindernisse ein. Chloë und Lukas kannten Carla kaum, trotzdem waren sie sofort einverstanden, als Felchlin sie um ihre Meinung zu gemeinsamen Ferien bat. Es ist seine Schwäche für Carla, die ihn nervös macht. Es begann am Tag, als Carla in sein Team eintrat, und blieb ihr nicht lange verborgen. Sie ging mit der Situation souverän um. Nie wurde es unangenehm oder peinlich, nicht einmal, als er nach der Scheidung von Laura versuchsweise Carlas Nähe suchte. Damals ließ sie keinen Zweifel daran, dass sie ihn mochte, aber sich nicht binden wollte. Weder an ihn noch an einen der häufig wechselnden Männer, mit denen sie verkehrte. Aus solcher Bindungslosigkeit entstand Severin. Obwohl Carla katholisch ist und aus einer konservativen Walliser Familie stammt.

Es erstaunte Felchlin nicht wirklich, dass seine Schwäche für Carla eine andere Beziehung überdauerte. Unbemerkt begleitete sie die Jahre mit Katrin wie ein unterirdischer Fluss, der sich nach der Trennung einen Weg zurück ins Bewusste bahnte. Vor einem Jahr war das. So lange schon. Und so kurz. Darüber gesprochen hat er mit niemandem.

Er trinkt die letzten Schlucke Bier und stülpt den Plastikbecher über die Dose. Die Kinder sind weiterhin bei friedfertiger Laune, Lukas darf aus dem Flugzeugfenster schauen, Severin ist eingeschlafen.

Felchlin streckt die Beine, kippt die Sitzlehne nach hinten und schließt für ein paar Minuten die Augen. Bis er ein leises Kribbeln spürt, das weit unten im Rücken beginnt, die Wirbelsäule hoch in den Nacken steigt und in einem Kräuseln auf der Kopfhaut ausläuft. Ein Energieschub strömt durch seinen Körper. Das Abenteuer Irland kann beginnen. Er freut sich darauf. Auf Streifzüge der Küste entlang. Auf frischen Meerfisch direkt vom Markt am Hafen. Auf ungestörte Spieleabende mit den Kindern. Aufs Schwimmen im nahe gelegenen See. Auf stundenlange Lektüre am Torffeuer. Auf Entdeckungsfahrten in die Umgebung. Auf Gespräche im Pub mit Einheimischen. Auf Gespräche mit Carla. Darauf, den vierjährigen Severin kennenzulernen. Vielleicht kann er im Städtchen ein Saxofon mieten und kommt wieder mal zum Üben. Er freut sich auf Blödeleien mit Chloë und Lukas. Auf Irish Whiskey. Auf viel ungestörten Schlaf. Auf mehr von Carla. Auf alles.

Sie überfliegen die Küste Frankreichs. Die Sonne scheint in die Flugzeugkabine, unter ihnen glitzert der Ärmelkanal im Mittagslicht.

3

Der Autoverkehr ist dicht und schnell, fast niemand hält sich an die Höchstgeschwindigkeit. Mehrmals werden sie waghalsig überholt, obwohl Felchlin meint, so langsam fahre er nun auch wieder nicht, trotz ungewohntem Linksverkehr. Als er beim Flughafen auf der linken Straßenseite losfuhr, kreischte Chloë wie ein Justin-Bieber-Fan. Später gewöhnten sich die Kinder an das Kribbeln im Bauch, wenn sie in verkehrter Richtung durch einen Kreisel fuhren oder in die falsche Straßenseite einbogen.

Unterwegs stoppt Felchlin den Ford Transit in einer Parkbucht, weil Severin pinkeln muss. Ein gleichmäßig grauer Himmel hängt über der Insel, es ist windstill und für einen Sommertag eher kühl. Die Kinder nutzen die Gelegenheit, auf dem Parkplatz herumzutollen und den Hund eines Ehepaars zu tätscheln, der ebenfalls Gassi geht. Chloë beugt sich über den Zaun, ein paar Schafe drängeln blökend herbei und wollen gestreichelt sein. Das Geschrei des Mädchens schreckt die anderen auf. Aufgeregt zeigt Chloë unter einen Busch und hält sich die Nase zu. Wenige Meter entfernt liegt ein totes Schaf im Gras, die Läufe steif von sich gestreckt, das Fell fahl und schmutzig, anstelle der Augen starren leere Höhlen. Dem grausigen Anblick und Aasgeruch zum Trotz sind die Kinder kaum wegzubringen.

»Bestimmt war das Tier alt und krank und darf jetzt im Schafhimmel grasen«, versucht Carla die jüngeren zu beruhigen. Erst nach einer Weile können sie weiterfahren.

Bei der Abzweigung in Richtung Skibbereen verlässt Felchlin die N71 und fährt zum Einkaufen ins Zentrum der Kleinstadt. Der Parkplatz des Ladenzentrums ist belebt, Frauen mit Kleinkindern und Ehepaare in Windjacken schieben Einkaufswagen zu ihren Autos, offene Kofferräume schlucken gefüllte Papiersäcke. Beim Eingang wartet eine Gruppe dunkelhäutiger Männer. Severin muss schon wieder aufs Klo. Während Carla mit den großen Kindern den Lebensmitteleinkauf erledigt, nimmt Felchlin Severins Hand. Zusammen suchen sie die Männertoilette und steigen ins Untergeschoss.

In dem gelb gekachelten Raum riecht es nach Urin und Erbrochenem. Der Abfalleimer quillt über von zerknülltem Papier, Plastiksäcken und leeren Bierflaschen. Ohne die Tür hinter sich zu verriegeln, schiebt Felchlin den kleinen Jungen in eine Kabine. Breitbeinig stellt sich Severin vor die verschmutzte Schüssel und interessiert sich danach brennend für die Spülmechanik. Um ihn nach drei erfolgreichen Spülvorgängen abzulenken, schlägt Felchlin vor, sie könnten sich mal die irischen Wasserhähne ansehen und dazu die Hände waschen.

»Nice little laddie«, meint ein rotgesichtiger Ire mit einem Blick auf Severin und nickt Felchlin anerkennend zu. Das irische Englisch brockt rau und für Felchlins Ohren ungewohnt aus dem Mund des Mannes, das Wort »nice« klingt wie »nois«. Felchlin nickt und fischt in einem Behälter vergeblich nach einem Papierhandtuch.

»Was hat der Mann gesagt?«, will Severin wissen.

»Dass du ein kleiner Lausbub bist. Wie kommt er bloß darauf, hm? Und jetzt schauen wir nach, was die anderen eingekauft haben.«

Im Bereich zwischen den Kassen und dem Ausgang riecht es wesentlich angenehmer als im Untergrund. Severin macht sich an den abgestellten Einkaufswagen zu schaffen. Felchlin hat Mühe, den Jungen nicht aus den Augen zu verlieren, bis Carla und die Kinder mit einem Wagen voller Lebensmittel auftauchen. Chloë schnuppert an den Baguettes in ihrem Arm,

Lukas trägt eine Angelrute vor sich her wie ein Nummerngirl seine Nummer.

»Von meinem Geld«, kommt er Felchlins Frage zuvor, »schließlich sind wir jetzt am Meer.«

»Billigware, und dann noch im Ausverkauf«, flüstert Carla beim Hinausgehen, »ich habe nicht einmal versucht, es ihm auszureden. Und wie war dein Ausflug mit Severin?«

»Ich bekam das Gefühl, dein Sohn interessiert sich mehr für die sanitären Installationen, als dass er wirklich muss.«

»Gut beobachtet. Fremde Klos sind momentan eine seiner Obsessionen«, grinst Carla und wuschelt Severins Haar.

Soll er Carla erzählen, dass ihn ein Ire für Severins Vater hielt? Nach kurzem Überlegen entscheidet sich Felchlin dagegen. Irgendwie passt es nicht in diesen unfreundlichen Hinterhof voller Autos und fremder Menschen.

Wenige Meilen hinter Skibbereen biegt eine einspurige Straße in Richtung Meer ab. Sie durchqueren einen lichten Wald aus Eichen und Buchen, fahren über eine schmale Brücke und sehen danach zu ihrer Linken eine Wasserfläche. Ein baumloser, mit Heidekraut und Farn überwachsener Hügelzug begrenzt das jenseitige Ufer des Gewässers.

»Das muss unser See sein«, sagt Felchlin, »das heißt, wir sind fast am Ziel!«

Nach einer kurzen Strecke durch den Wald hält er vor einem mannshohen Tor, das auf der linken Straßenseite in die ebenso hohe Mauer eingelassen ist. Genau so steht es in der Beschreibung: wenige Meter nach dem Wald ein hölzernes Tor, dahinter liegt das Anwesen. Dort warte Mrs McCann auf sie. Zu sehen ist niemand.

Felchlin steigt aus, rüttelt an der Klinke. Das Tor ist verschlossen, die festgefügten Torflügel geben keinen Millimeter nach. Er klimmt sich auf die Mauer hoch und sieht einen Kiesplatz, umgeben von Hortensienbüschen und Rasen, dahinter ein zweigeschossiges Wohnhaus und angrenzend mehrere kleinere Gebäude, alle weiß getüncht und mit rotbraunen Ziegeln gedeckt. Unterhalb der Häuser fällt eine Wiese in Richtung des Sees ab, gesäumt von einer Allee aus hohen Laubbäumen. Ein leichter Wind bewegt die Baumkronen, außer dem Rauschen des Windes ist nichts zu hören. Das Anwesen ist menschenleer. Weit und breit ist kein anderes Gehöft zu sehen.

Felchlin springt von der Mauer und besieht sich noch einmal das Tor. Zwischen Mauer und Tor klafft eine schmale Lücke; ein Kind könnte sich zur Not durchzwängen, aber kein Erwachsener. Carla und die Kinder sind ausgestiegen und lugen durch die Lücke.

»Jetzt fehlt nur noch Mrs McCann mit dem Schlüssel«, sagt Felchlin, »eigentlich sollte sie hier sein. Drei Uhr, haben wir verabredet, jetzt ist es halb vier. Sie muss jeden Moment eintreffen.«

Die Kinder haben Hunger, Carla bricht ein Baguette in Stücke und reißt eine Tafel Schokolade auf. Eine Flasche Eistee macht die Runde. Alle stehen neben dem Transit und kauen. Lukas hat die Angelrute aus der Verpackung geschält und testet die Rolle, Chloë schürft sich beim Versuch, auf die Mauer zu klettern, weiße Flecken in die Jeans. Sie probiert, sich durch die Lücke neben dem Tor zu zwängen, aber Felchlin ruft sie zurück. Maulend setzt sie sich an den Straßenrand, ihr sei langweilig.

Um Severin am Ausreißen zu hindern, hebt ihn Carla auf die Mauer und hält seine Beine fest.

»Pferde, Pferde!«, schreit der Kleine und stürzt sich zurück in die Arme seiner Mutter.

Tatsächlich hören sie von jenseits der Mauer leises Schnauben. Chloë schnellt hoch. Wie viele Pferde, will sie wissen. Severin zeigt strahlend vier Finger.

In scharfem Tempo nähert sich ein Auto, verlangsamt brüsk seine Fahrt.

»Endlich«, ruft Lukas.

Alle schauen dem Wagen entgegen. Doch als der dunkelblaue Ford im Schritttempo an ihnen vorüberfährt, sehen sie keine Frau, sondern einen Mann in Lederjacke, der sie unfreundlich durch das offene Fenster anstarrt. Das Auto ist älteren Datums, die Karosserie an einigen Stellen von Rost zerfressen. Der Mann beschleunigt wieder, fährt nach dem Haus den Hügel hoch und verschwindet zwischen den Bäumen.

»Komischer Kerl, was hatte der? Ruf mal diese Missis an, Markus«, schlägt Carla vor. »Wir wollen nicht ewig warten.«

Wenige Minuten später taucht ein roter Kleinwagen von der Hügelseite her auf und parkt hinter dem Ford Transit. Eine dunkelblonde Frau in Windjacke und Hosen kommt auf sie zu. Sie spricht schnell, ein melodiöses Englisch mit irischer Färbung, sie entschuldigt sich wortreich. Ihr Hund sei wegen einer Katze ausgebüxt, mindestens eine halbe Stunde sei vergangen, bis sie ihn wieder einfangen konnte. Ob sie gut gereist seien. Sie sperrt das doppelflügelige Tor auf und bittet Lukas, ihr beim Aufstoßen zu helfen. Felchlin fährt hinein und hält auf dem gekiesten Platz, die Kinder rennen hinterher. Wie ein wild gewordenes Kaninchen saust Severin von einem zum anderen. Chloë klettert auf den Zaun, der das Anwesen von der Pferdewiese trennt, und versucht, die Tiere mit Rufen und Schnalzen näher zu locken.

Mrs McCann stößt die Torflügel zu, sperrt die Eingangstür des Hauses auf und führt sie als Erstes durch alle Zimmer. Seit über achtzig Jahren gehöre das Anwesen den Kavanaghs, einer wohlhabenden Familie aus Cork, die es regelmäßig als Sommerresidenz benutzt habe, erklärt sie. Nach dem Tod des alten Mr Kavanagh sei das Haus während etlicher Jahre unbewohnt geblieben. Dann habe es der jüngste Sohn Tom übernommen und rundum auffrischen lassen. Einige Monate im Jahr wolle er es vermieten und zeitweise selbst hier wohnen. Felchlin und seine Familie seien seit Langem die ersten Bewohner.

Das Wohnzimmer ist mit kissenbestückten Sofas, Lehnstühlen, Beistelltischchen und Ständerlampen mit Stoffschirmen überstellt, Büchervitrinen reihen sich an den Wänden, davor steht ein Globus, der sich von innen erleuchten lässt. Den Kaminsims füllen Familienfotos und Porzellannippes. Drei hohe, von bodenlangen Vorhängen gerahmte Fenster geben den Blick zum See frei. Ein TV-Bildschirm steht in einer Ecke, über den Boden verteilt liegen gemusterte Teppiche, in deren Flor die Füße versinken.

»Das ideale Spielzimmer für Severin«, meint Carla und zieht den Kleinen aus dem Bann des illuminierten Globus in die danebenliegende Küche, geräumig und modern eingerichtet. Der Holztisch wartet auf viele Gäste, ebenso die Schränke voller Geschirr und Gläser.

Sie steigen ins Obergeschoss und besichtigen die Schlafzimmer und das Bad. Carla und Felchlin verteilen die Zimmer. Felchlin wählt für sich ein kleines, nach Westen blickendes Einzelzimmer, seine Kinder und Carla mit Severin bekommen je eines der gegen Süden und den See gelegenen Zimmer.

Alle sind zufrieden, schleppen Koffer und Taschen die Treppe hoch.

Von Mrs McCann lässt sich Felchlin zeigen, wo sie Liegestühle, Gartenmöbel, einen Grill und Rasenspiele finden.

»Wenn Sie dem Weg die Allee hinunter und weiter in Richtung See folgen, kommen Sie bei der Ruine einer Kapelle vorbei. Drinnen sehen Sie Mr Kavanaghs Grab. Ein Ort mit viel Stimmung, finde ich.«

Sie geht ein paar Schritte hinter die Nebengebäude. »Sehen

Sie das Tor am Ende der Hecke? Von dort führt ein Fußweg auf die Naturstraße zum Meer hinunter.«

»Und wem gehören die Pferde?«, will Felchlin wissen. Ein schwarzes, ein weißes und zwei falbe Pferde weiden in der Nähe des Zaunes.

Alte Tiere seien es, die jemand hierherbringe und sie eines natürlichen Todes sterben lasse, sagt Mrs McCann. »Wer der Besitzer ist, weiß ich nicht. Ich wohne eine Autostunde weg und kenne außer Tom Kavanagh niemanden hier.«

Wenig später wünscht sie erholsame Ferien, verabschiedet sich mit vergnügtem Winken und zieht das Tor hinter sich zu.

Bevor Felchlin ins Haus geht, um seine Sachen auszupacken, bleibt er auf dem Vorplatz stehen. Die Stimmen der Kinder dringen gedämpft aus dem Obergeschoss, sonst ist es bis auf gelegentliches Vogelgezeter in den Bäumen still. Die Pferde haben sich vom Zaun entfernt, weiter unten ruht der See. Seine Oberfläche sieht jetzt dunkel aus, fast schwarz. Wie hellgraue Seide spannt sich der Himmel über die Landschaft. Es ist windstill und eher kühl, aber nicht unangenehm.

Felchlin spürt, wie die Ruhe der Landschaft auf ihn übergeht. So hat er sich das vorgestellt: ein gut eingerichtetes Haus mit Auslauf, einsam gelegen, in der Nähe ein See und die Meeresküste, eine unbekannte Gegend mit kleinen Ortschaften, auf deren Entdeckung er sich freut. Nichts Spektakuläres, keine Großstadt, keine atemraubende Bergwelt, kein lärmiges Festival mit lärmigen Menschen. Und keine Arbeit, keine Anspannung. Zeit für die Kinder, für Carla. Für sich. Er fährt sich mit den Händen durch die Haare, atmet die frische Luft ein. Er fühlt sich gut. Die Ferien können beginnen.

Vor dem Abendessen ziehen Felchlin und Lukas die Laufschuhe an und joggen die Straße entlang bis zum oberen Ende des Sees und auf den nächsten Hügel. Grüne Hügelketten mit Heckenmustern dehnen sich bis an den Horizont, die Wolkendecke hat sich gelockert und lässt ein paar Sonnenstrahlen durch. Auf dem Rückweg, sie haben schon fast das Tor des Anwesens erreicht, kommen ihnen in raschem Tempo zwei Autos entgegen, ein grauer Pick-up und, mit einigem Abstand, der dunkelblaue Ford.

4

Beim Erwachen am nächsten Morgen stellt Felchlin fest, dass er seit Monaten nicht mehr so gut geschlafen hat. Kein Telefon zur Unzeit – die Regel während der Bereitschaftsdienste –, kein jähes Erwachen in Erwartung eines Anrufs, nichts als Stille und gegen Morgen Vogelgezwitscher, als er für kurze Augenblicke aus dem Schlaf auftauchte. Er dreht sich auf den Rücken, faltet die Hände unter dem Kopf. Muntere Stimmen dringen durch das offene Fenster, er schaut auf die Uhr. Fast halb neun. Seit Ewigkeiten ist er nicht mehr so spät aufgestanden. Der Tag ist sonnig, kleine Wolken segeln über den Himmel. Den Geräuschen nach zu schließen, ist es warm genug, um draußen zu frühstücken.

Kurze Zeit später steht Felchlin unrasiert und in Shorts und T-Shirt vor dem gedeckten Tisch. Nur Severin fehlt.

»Vorhin war er noch da und hat Kieselsteine ins Gras geworfen«, sagt Chloë, »auch wenn ich es ihm verboten habe. Ich suche ihn.«

Sie verschwindet im Wohnhaus. Carla schenkt sich und Felchlin Kaffee ein. Felchlin registriert, welche Energie von Carlas Bewegungen ausgeht und wie unbeschwert das Lachen klingt, mit dem sie wenig später Severin in die Arme nimmt. »Da bist du ja, du Lausbub!«

Der Kleine kam aus dem Haus gesaust, Chloë hinterher. Atemlos berichtet das Mädchen, Severin habe das Klo unter der Treppe halb unter Wasser gesetzt, das Spülwasser fließe nicht mehr ab. Als Felchlin nachschaut, ist die Kloschüssel bis zum Rand mit Wasser gefüllt, auf dem gekachelten Fußboden dehnt sich eine Pfütze. Er wartet eine Minute, das Wasser im Klosett senkt sich nicht. Felchlin wischt den Fußboden mit einem Handtuch trocken. Beim Frühstückstisch beteuern alle, sie hätten nichts in die Schüssel geworfen und das Klo bis jetzt gar nicht benutzt.

»Mir ist aufgefallen, dass der Ablauf in der Küche seltsam blubbert, er klingt wie ein Männerchor aus lauter Gurglern«, ergänzt Carla und bestreicht ein Stück Toast mit Orangenmarmelade.

»Da ist bei der Renovierung wohl etwas schiefgegangen. Ich informiere Mrs McCann oder Kavanagh. Und das Klo sperren wir vorläufig besser ab«, beschließt Felchlin mit einem Blick zu Severin.

Bei Toast, Milch und Schüsseln voll weich gewordener Cornflakes diskutieren sie Pläne für den Tag. Die Kinder wollen im See schwimmen gehen. So könne er gleich die Angelrute testen, meint Lukas.

Haha, zum Testen brauche er Würmer, feixt Chloë, wo er die denn herzaubern wolle.

»Unter den Büschen finden wir sicher ein paar Regenwürmer«, gibt Lukas zurück.

Severin nickt begeistert.

Eine Schar Mauersegler pfeilt mit durchdringendem Geschrei um die Hausecke und saust den Hügel hoch, sodass alle die Köpfe heben und ihnen nachschauen. Und wie als Krönung der Idylle tauchen drei Pferde auf und hängen ihre Köpfe über den Zaun. Chloë läuft hin und krault ihre Mähnen.

»Paps, darf ich auf ihnen reiten?« Ihre Stimme nimmt den quengelnd-schmeichlerischen Ton an, mit dem sie ihren Wünschen Nachdruck verleiht.

»Vergiss es, Chloë. Es sind alte Tiere und Reiter nicht mehr gewohnt. Du kennst sie nicht und hast weder Sattel noch Zaumzeug. Nach nur einem Jahr Reitstunden wäre das viel zu gefährlich.«

Das Mädchen mault weiter, während Carla und Felchlin

das Geschirr zusammenstellen. Später verzieht sich Chloë zu den Buben hinters Haus. Carla gießt noch einmal Kaffee nach.

»Seit Chloë reitet«, grinst Felchlin und streckt die Beine, »verkündet sie jede Woche eine neue Berufsidee. Berittene Polizistin in Kanada, Kunstreiterin beim Circus Knie, als Hochzeitsgag einen Sechsspänner durch Zürich lenken, Trainerin bei den Lipizzanern in Wien – alles kam schon auf den Tisch. Und immer todernst und möglichst subito! Zum Glück ist Lukas ruhiger. Zwei Chloës – da würde ich in der Psychiatrie landen. Mit einem Burn-out.«

Beide lachen und schauen sich über die Kaffeetassen an.

»Severin ist auch nicht grad der Ruhigste, das ist dir sicher aufgefallen. Ständig in Bewegung, wie ein aufgezogenes Uhrwerk. Er wird mal Olympiasieger im Hundertmeterlauf, der neue Usain Bolt, diesmal aus dem Wallis. Zum Glück braucht er viel Schlaf. Mindestens neun Stunden, ohne aufzuwachen – ein Segen. Wenn das nicht wäre, könnten wir zwei in der Klinik ein Doppelzimmer buchen!«

Lachend schiebt Carla die Sonnenbrille ins Haar. Felchlin gefällt die Vorstellung. Sie tragen das Geschirr in die Küche, Carla packt Äpfel, eine Melone, Getreidestängel, Schokolade und Eistee in eine Tasche, Felchlin sucht die Badesachen zusammen. Beim Zähneputzen betrachtet er sich im Spiegel. Soll er sich rasieren? Eigentlich passen die schwarzen Stoppeln auf Kinn und Wangen zum kurz geschnittenen Haar, findet er und reibt sich mit der Handfläche über Wangen und Schädel. Außerdem sind Ferien. Morgen ist früh genug zum Rasieren, wenn überhaupt.

Draußen bei der Fuchsienhecke stochert Lukas mit einer Schaufel in der Erde, Severin stupst die Finger in einen Plastikbecher.

»Wir haben schon fünf Würmer«, schreit er, als er Felchlin sieht.

»Dann gibt das fünf Fische fürs Abendessen, einen für jeden. Los, Kinder, Zähne putzen, dann gehen wir.«

Der Weg führt entlang der Pferdewiese die Allee hinunter, danach durch fast baumlose, von Farnkraut, Ginster und Erika bewachsene Heidehügel. Ein Raubvogel zieht hoch über ihnen seine Kreise, die Luft vibriert von vielstimmigem Summen.

»Schaut mal die Esel dort oben!«, ruft Lukas.

Tatsächlich stehen wenige Meter höher drei Esel im Farnkraut und äugen neugierig zu ihnen. Sobald sich Lukas in ihre Richtung bewegt, nehmen sie Reißaus und verschwinden hinter der Hügelkuppe.

Beim Weitergehen diskutieren die Kinder, wem die Grautiere wohl gehören oder ob sie wild in diesen Hügeln leben. Felchlin ist die Grabkapelle eingefallen, die Mrs McCann erwähnt hat. Tatsächlich sehen sie kurz darauf unter einer Baumgruppe eine Ruine aus behauenen Steinen. Die Wände sind teilweise eingestürzt, das Dach fehlt weitgehend, ein schön geformter Eingang ist intakt geblieben. Sie schlüpfen durch den Torbogen ins Innere. Moos, Farne, Gras und allerlei Kraut wuchern zwischen den Steinen und bedecken den Boden wie ein Teppich. Mitten im Grün liegt eine polierte Grabplatte. Flechten und Moose haben einen Teil erobert, die eingemeißelte Inschrift ist trotzdem gut lesbar.

Here lies
Robert T. Kavanagh
philantropist, benefactor, philosopher and lover of nature
born July 4, 1920
died January 21, 2005
His absence is a silent grief
His life a beautiful memory

Mit leiser Stimme liest Felchlin die Grabschrift vor und übersetzt sie für die Kinder. Chloë kauert nieder und fährt mit dem Zeigefinger den Buchstaben nach.

»Gefällt es ihm, dass er hier begraben ist? So allein und weit weg von den Menschen? Das möchte ich nicht.«

»Ich denke, Herr Kavanagh hat selber bestimmt, dass er hier begraben wird«, vermutet Carla. »Vielleicht war es sein Lieblingsort, mitten in der Natur. Seine Familie kommt sicher jedes Jahr hierher, und sie denken an ihn, wenn sie den Stein betrachten. *A beautiful memory.* Das ist das Wichtigste nach dem Tod. Nicht vergessen werden. So leben die Menschen irgendwie weiter.«

Felchlin sagt nichts. Er denkt an seinen Vater, der im Alter immer abweisender wurde, bis er vor einigen Jahren an Krebs starb. Wann hat er das letzte Mal sein Grab besucht? Mindestens drei Jahre ist es her. Eine Pflichtübung, mit Unbehagen im Bauch und nach einem Blick auf die Standardbepflanzung aus Begonien und Stiefmütterchen rasch beendet und für lange Zeit abgehakt. In seinen letzten Lebensjahren sprachen sein Vater und er kein persönliches Wort mehr zusammen.

Er beobachtet die Kinder, ihre ernsthafte Beschäftigung mit dem Grabmal eines ihnen unbekannten Mannes rührt ihn. Dann will Severin gegen die Mauer pinkeln, und der Zauber des Moments verfliegt. Carla führt den Kleinen aus dem Gemäuer zu einem Baum, sie gehen weiter.

Der Pfad verzweigt sich am Ufer eines Flusses, dessen Strömung Richtung Meer nach wenigen Metern zwischen Felsen verschwindet. Das Gewässer scheint recht tief zu sein. Vermutlich speist es sich aus dem See, der weiter links liegt und von hier nicht zu sehen ist. Im Gänsemarsch folgen sie der Wegspur über eine Wiese, bis der See unversehens dunkelgrün schimmernd vor ihnen liegt. Ein hölzerner Steg ragt vom sandigen Ufer in die Wellen.

»Severin, zuerst die Schuhe ausziehen«, ruft Carla, aber schon steht der Kleine bis zu den Knien im Wasser.

»Hey, du bist kein Hund, der einfach so ins Wasser rennen kann!«

Carla schnappt sich ihren Sohn, Felchlin und Lukas breiten die Picknickdecke aus, schütteln Badehosen und Frotteetücher aus der Tasche. Nach kurzer Zeit stehen alle mit den Füßen im See. Kalt, mault Chloë. Quatsch, warm, widerspricht Lukas. Carla streift Severin die Schwimmflügel über die Oberarme, Felchlin hechtet kopfvoran ins Tiefere. Mit kräftigen Kraulzügen schwimmt er zur Seemitte, Lukas hinterher. Chloë ziert sich und schlägt bibbernd die Arme um den Oberkörper, dann lässt auch sie sich fallen und schwimmt Vater und Bruder hinterher. Zurück am Ufer streift sich Felchlin das Wasser aus den Haaren.

Während er mit Severin Tauchen spielt, beobachtet er Carlas Bahn durch den See. Regelmäßig heben sich ihre Arme aus dem Wasser, das rote Haar taucht aus dem Glitzern auf und verschwindet wieder.

Sie lässt sich neben ihn auf die Decke fallen.

»Wunderbar! Ich bin bis ans See-Ende geschwommen, dort ist das Wasser kälter als hier. Und ist dir sein spezieller Geschmack aufgefallen?«

Felchlin und Severin schieben Sand für eine Burg zu einem Haufen, Lukas erinnert sich an die Angelrute. Er stellt sich ans Ende des Stegs und übt das Auswerfen der Leine. Sobald sich der erste Wurm am Haken windet, ist Severin nicht mehr zu halten. Er setzt sich neben Lukas auf den Steg und jauchzt bei jedem Wurf.

Mit dem Kinn auf den gefalteten Händen beobachtet Carla die beiden Jungen. Felchlin spürt die Wärme ihrer Haut an seinem Arm. Aus Carlas Kehle dringt ein Laut, es klingt wie das Schnurren einer Katze. Sie wendet den Kopf, blinzelt.

»Genießt du es auch?«

Felchlin nickt und reibt seine Schulter an ihrem Oberarm.

»Alles perfekt. Und die Kinder fühlen sich wohl.«

»Erstaunlich, wie liebevoll Lukas mit Severin umgeht. Ein Vierzehnjähriger mit einem Vierjährigen – nicht selbstverständlich.«

Ein Möwenpaar flattert über den See, lässt sich auf einem Stein nieder. Hie und da ziehen Wölkchen vor der Sonne vorbei und werfen für wenige Sekunden ihren Schatten über die Landschaft.

Schließlich sind die Würmer aufgebraucht, abgefallen oder zerfranst, ohne dass Lukas einen einzigen Fisch gefangen hat. Chloë langweilt sich und mault, Severin will vom Steg ins Wasser pinkeln. Alle sind hungrig, beißen in Äpfel und Getreideriegel. Allmählich werden die Wolken dichter und die Luft kühl, sodass die Kinder, ohne zu murren, in die Kleider schlüpfen und ihre Sachen zusammenpacken.

Bei der Kiesbank am Fluss bleibt Felchlin stehen.

»Sagt mal – bin ich verrückt? Ist der Fluss vorhin nicht in die andere Richtung geflossen?«

Das Wasser zieht ebenso kräftig daher wie vor ein paar Stunden. Nur strömt es jetzt von den Felsen in Richtung See.

»Richtig unheimlich«, meint Carla nach einer Weile, »im Wallis wäre man überzeugt, das Wasser sei verhext.«

»Hängt das mit Ebbe und Flut zusammen? Weil das Meer in der Nähe ist? Und jetzt wäre Flut?«, fragt Lukas und schaut zu seinem Vater.

»Ich kann mir auch nichts anderes vorstellen. Außer die irischen Hexen waren am Werk.«

Wie der Moment aussehen könnte, in dem das Wasser die Richtung wechselt, beschäftigt die Kinder auf dem Heimweg. Severin reibt sich die Augen und gähnt, Carla bringt ihn nach oben zum Mittagsschlaf. Weil keines der großen Kinder Lust zum Mitfahren hat, entschließen sich Carla und Felchlin, allein ins Städtchen zu fahren. Carla will die Vorräte ergänzen und hofft, irgendwo frischen Fisch zu finden. Lukas möchte, dass sie Angelköder kauft, Mehlwürmer oder so etwas. Und Felchlin will sich trotz Chloës Protest in einem Musikgeschäft nach Mietsaxofonen erkundigen.

»Chloë, ihr passt auf Severin auf, wenn er erwacht. Spätestens in einer Stunde sind wir zurück.«

Carla setzt sich ans Steuer und wendet den Transit, während Felchlin das Tor aufstößt. Sie fährt den Wagen auf die Straße, stoppt abrupt und stellt den Motor ab.

Der schwarze Schriftzug auf der Außenseite des Tores ist frisch, die Sprayfarbe glänzt feucht. Carla ist ausgestiegen und liest, halblaut. *»Fuck off!«* Die Schrift ist ungelenk, einige Buchstaben ragen hoch, andere sind klein und verkümmert.

Sie schauen einander an.

»Jemanden scheint unsere Anwesenheit zu stören. Was meinst du, Markus, sollten wir die Kinder besser nicht allein lassen?«

»Ich könnte das Saxofon ein anderes Mal organisieren. Andererseits möchte ich die Kinder nicht beunruhigen, weil ich nicht mitfahre. Mir fällt der Lederjackentyp im Ford ein, gestern beim Joggen sind wir ihm nochmals begegnet. Vielleicht will er uns erschrecken – keine Ahnung, warum.«

Felchlin zieht das Tor zu und fotografiert den Schriftzug mit dem Smartphone.

»Und wenn du Kavanagh fragst? Ob er eine Erklärung hat? Alte Fehden, Feindschaften …?«

Eine gute Idee, findet Felchlin. Er vergewissert sich, dass das Tor sicher verschlossen ist. Schweigend fahren sie am See entlang. Unterwegs begegnen ihnen zwei Fahrzeuge; der dunkelblaue Ford ist nicht dabei.

Auch wenn er sich nichts anmerken lässt, ist Felchlin besorgt. Zum ersten Mal seit Wochen juckt es ihn nach einer Zigarette. Wenn er eine hätte, würde er sie sich anzünden. Nach der Trennung von Katrin steigerte er den Konsum auf ein Päckchen täglich, bis die Qualmerei sogar den Kollegen auf der Polizeiwache auffiel, obwohl dort die allermeisten rauchen. Nach einer Weile hatte er genug von den Kommentaren. Und als ihn seine zunehmende Atemnot beim Joggen ärgerte, warf er die angefangenen Chesterfields eines Tages weg. Nie wieder, nahm er sich vor. Ganz hat er nicht durchgehalten, aber er war mit sich zufrieden. Und jetzt diese plötzliche Gier.

Haben sie richtig entschieden, wäre er nicht besser bei den Kindern geblieben? Er schaut zu Carla. Sie fährt schnell, konzentriert sich auf den Linksverkehr. Ob sie unruhig ist, sieht er ihr nicht an. Soll er sie fragen?

Erst als sie ein bisschen zu schnell auf den Parkplatz des Einkaufszentrums einbiegt und brüsk abbremsen muss, weil eine Frau ihren Weg kreuzt, spürt Felchlin Carlas Unruhe. Anmerken lässt sie sich nichts.

»Reicht dir eine halbe Stunde für dein Horn? Kaffee trinken gehen wir ein anderes Mal.«

Das Musikgeschäft liegt an derselben Straße wie das Einkaufszentrum, ein enger, etwas finsterer Laden mit einem altertümlichen Korpus aus Holz. Der Inhaber ist ein Mann mit buschigen Augenbrauen und schwer verständlichem irischem Akzent. Erfreut über Felchlins Wunsch legt er zwei Tenorsaxofone auf den Ladentisch. Das eine sei leichter zu spielen, aber das andere habe den schöneren Ton, glaubt Felchlin zu verstehen. Er solle ruhig mal reinblasen. Felchlin stellt sich vor die Auslage und fingert sich auf beiden Instrumenten durch ein paar Tonleitern. Tatsächlich spricht das eine leichter an, bei etwas stumpfem Ton. Das andere schwingt in den tiefen Lagen warm und satt, dass es eine Freude wäre, aber die Oktavtöne sind schwer zu blasen und kippen regelmäßig in grelles Quäken. Er nehme das einfachere, sagt Felchlin schließlich und lässt sich die Mietbedingungen erklären. Der Mann erkundigt sich, wo sie in den Ferien weilten.

»*Oh, at Kavanagh's.* Das Anwesen hat viel zu lange leer gestanden. Zehn Jahre oder mehr. Ist nie gut für ein Haus. Dann ziehen die Geister ein. Die Leute sagen, es spukt. Haben Sie nichts bemerkt? Man höre kleine Kinder weinen, Babys. Wenn es dämmert. Und weit und breit kein Kind in Sicht.«

Felchlin sieht den Mann scharf an. Hat er richtig verstanden? Macht der Instrumentenhändler einen Witz? Doch kein Funken Ironie zwinkert in dessen Augen.

»Wer will denn in einem unbewohnten Haus Kindergeschrei gehört haben?«

»Die Kavanaghs haben Leute gesucht, um das Anwesen in Ordnung zu halten. *Gardeners for the grounds*, Frauen, die zwischendurch mal lüften und die Spinnen und Mäuse hinausjagen. Niemand wollte das länger als ein paar Monate machen, und nicht wegen des Lohns. *The salary was fine.* Jetzt kommt eine Frau aus Bantry, habe ich gehört, eine Stunde Fahrt. Von hier finden sie niemanden mehr.«

Felchlin zuckt mit den Achseln. Dass die Iren Spukgeschichten lieben und häufig abergläubisch sind, ist ihm nicht neu. Doch selbst in Irland schmieren Geister kaum unfreundliche Sätze an Haustore. Der Mann scheint es ernst zu meinen, also schweigt er besser. Er unterschreibt den Mietvertrag, schultert den Instrumentenkasten und verabschiedet sich. Beim Weggehen bemerkt er, dass der Inhaber an der Ladentür stehen geblieben ist und ihm nachschaut.

Carla ist noch nicht vom Einkaufen zurück. Felchlin legt das Saxofon auf den Rücksitz und lehnt sich gegen den Transit. Inzwischen ist es kühl geworden, es sieht nach Regen aus. Wieder zucken seine Finger nach einer Zigarette. Um sich abzulenken, schiebt er einen Kaugummi in den Mund. Komisch, diese Spukgeschichten. Jemand hört etwas, einen unbekannten Vogel oder brünstigen Rehbock, und schon verwandelt ein überreiztes Hirn den Laut in etwas anderes. Kindergeschrei. Vielleicht litt eine der Putzfrauen unter unerfülltem Kinderwunsch, danach erzählte sie allen, die es hören wollten, beim Haus der Kavanaghs habe sie weinende Kinder gehört. Und jeder erzählt die Geschichte weiter, fügt ein neues Detail an, bis alle den Unsinn für wahr halten. Eigentlich machte der Saxofonmann einen vernünftigen Eindruck. Hat die Aufklärung Irland noch nicht erreicht? Oder sind die Iren einfach zu katholisch? Sogar Carla, auch katholisch, hat ihn mit ihrem Glauben an Hexen- und Geistergeschichten erstaunt. Wie reagiert sie wohl, wenn er ihr die Episode erzählt?

Das Kauen macht Felchlin nervös. Er fingert den Kaugummi aus dem Mund, und weil er ihn nicht auf den Boden werfen will, sucht er einen Abfalleimer. Er läuft die Autoreihen entlang. Eine Gruppe ausländischer Männer hält sich vor dem Eingang zum Supermarkt auf. Einige kauern am Boden, andere stehen beieinander und diskutieren. Wahrscheinlich sind es Eritreer oder Äthiopier, vermutet Felchlin, zierliche junge Männer mit krausen Haaren, unauffällig gekleidet. Beim Näherkommen sieht er, dass sich drei Iren vor ihnen aufbauen, kurz rasierte Haare, tätowierte Nacken, Lederjacken und derbe Stiefel, die übliche Uniformierung.

Ein Wortwechsel zwischen den Typen und den Fremden beginnt, *»Piss off, fucking niggers«*, *»Go back to your rat holes«*, versteht Felchlin.

Einer der Iren tut einen Schritt auf sie zu, ein dunkler Junge hebt abwehrend die Hände, sagt: *»Easy, easy, man, easy!«*

Die Kauernden sind aufgestanden, pressen den Rücken gegen die Wand. Frauen mit Einkaufswagen und Kindern an der Hand laufen vorbei, zwei ältere Männer mit Hund, alle schauen kurz hin und gehen weiter, niemand reagiert.

Eine schäbig gekleidete Frau an Krücken schlurft vorüber. *»Yes, give it to them, bloody moochers, stealing our pensions!«*, ruft sie den Lederjacken zu und schüttelt dabei drohend eine Krücke gegen die Dunkelhäutigen.

Grob langt der stämmigste Ire an den Arm des braunen Jungen. Der Gedanke, ob er eingreifen sollte, falls die Gewalt eskaliert, zuckt durch Felchlins Hirn. Wäre der Lederjackenklotz allein, könnte er ihn mit einem unvermuteten Angriff von hinten zu Fall bringen. Vielleicht tragen die Typen Messer bei sich. Soll er sie anschreien, damit die Dunkelhäutigen den Überraschungseffekt zur Flucht nutzen können?

Felchlin realisiert, dass sich sein ganzer Körper auf Kampf eingestellt hat: angespannte Muskeln, überwaches Gehirn. Und als ob etwas von seiner Energie auf den Eritreer überspränge, gelingt es dem Jungen, mit einer unerwarteten Drehung den Arm nach oben zu reißen und sich aus der Umklammerung zu befreien. Flinker als ein Hase saust er davon, die anderen Afrikaner hinterher.

Die übertölpelten Iren machen auf Imagerettung und Show. Einer haut dem Verlierer auf die Schulter, der haut zurück, zündet sich eine Zigarette an und gibt dem Dritten lässig Feuer. Wie aus der Luft gegriffen halten sie auf einmal Bierflaschen in der Hand. Sie recken die Hälse aus den Lederjacken und stelzen in Siegerpose zurück auf die Straße. Felchlin schaut dem Trupp hinterher. Erst jetzt entdeckt er Carla hinter einem vollen Einkaufswagen. Sie schiebt den Wagen näher, ihre Augen verengen sich.

»Du wolltest dich nicht etwa einmischen, Markus? Genau so hast du nämlich ausgesehen. Mann: Wir sind hier in den Ferien und nicht auf Dienst!«

Er grinst und überspielt, dass er sich ein bisschen dumm vorkommt. Natürlich hat Carla recht. Was ist in ihm abgelaufen, weshalb dieser Kampfreflex? Ist die Polizistenrolle zu seiner zweiten Natur geworden? Oder reagiert er so impulsiv auf Rechtsextreme, seit er damals in Winterthur nur knapp davonkam?

»Naiverweise war ich der Meinung, die Iren hätten andere Probleme als Glatzen, die Migranten bedrohen«, setzt er verlegen zu einer Erklärung an.

»Was mich betrifft, habe ich keine Lust, dich mit einem Messer im Rücken ins Spital einzuliefern. Aber gehen wir. Hast du ein Sax gefunden?«

Wieder fährt Carla, und Felchlin wundert sich über das Tempo, mit dem sie durch den Kreisverkehr fetzt und auf der schmalen Straße durch die Felder jagt. Er erzählt ihr die Spukgeschichte des Instrumentenverkäufers. Was meint sie als gestandene Belalp-Hexe dazu?

»Du lachst, aber im Wallis sind wandelnde Seelen oder Klopfgeister eine völlig reale Vorstellung. Sie existieren. In jedem Dorf im Oberwallis, jawohl. Vom Gratzug hast du wohl noch nie gehört. Eine Prozession der Seelen von Verstorbenen, die ihren Weg ins Jenseits noch nicht gefunden haben und für ihre Sünden büßen müssen. Viele, die sie gesehen haben oder ihren Weg kreuzten, sind kurz darauf selber verstorben.«

»Das allein ist Grund genug, nicht daran zu glauben.«

»Das sagst *du*. Wenn ich im Wallis bei der Großmutter sitze und ihren Geschichten zuhöre, dann glaube ich daran. Das geht nicht anders, das sitzt tief drinnen. Eingepflanzt in der Kindheit. In Zürich, mit Severin, bei der Arbeit auf der Beratungsstelle oder jetzt mit dir und den Kindern ist es anders. Dann ist es egal, ob es in Irland und im Wallis Geister gibt oder nicht.«

Schweigend fahren sie den See entlang. Felchlin gesteht sich ein, dass ihn Carlas irrationale Seite irritiert. Bei der Arbeit lernte er die junge Polizeibeamtin als nüchterne und in der Realität verankerte Frau kennen, faktensicher, diesseitig und eigenständig. Dass ein Teil Carlas in einer archaischen Welt voll unerlöster Seelen, Geister und Untoten verhaftet sein soll, kann er schwer einordnen. Es stört ihn.

Der schwarze Schriftzug auf den Torflügeln blafft ihnen entgegen.

»Was machen wir bloß damit?«, sagt Felchlin mehr zu sich selbst als zu Carla.

»Du meinst das Tor? Am besten, wir kaufen einen Kübel Farbe und übermalen das Ganze! Blau würde gut passen.«

»Wenn ich Kavanagh wegen des blockierten Klos anrufe, erwähne ich das Geschmier.«

Carla hält an, Felchlin steigt aus und entsperrt das Tor. Beim Klang der Kinderstimmen fällt die Anspannung der vergangenen Stunde von ihm ab. Severin saust mit nacktem Po über den Rasen, Chloë hinterher, beide quietschen vor Vergnügen. Lukas sitzt am Tisch und biegt mit einer Zange einen Angelhaken zurecht.

»Alles in Ordnung?«, ruft Felchlin, während er die Torflügel zustößt und Carla den Ford auf dem Kiesplatz parkt. Glücklicherweise hat noch keines der Kinder den Schriftzug bemerkt.

»Klar. Habt ihr die Mehlwürmer?«

Carla stellt die Büchse mit Würmern bei Lukas ab, Felchlin trägt die Einkäufe ins Haus. Er öffnet den Saxofonkasten, montiert das Mundstück und streicht sachte mit den Fingern über die Klappen. Er legt das Instrument an die Lippen. Es fühlt sich gut an, hängt kühl und glänzend vor seiner Brust. Mit geschlossenen Augen bläst er mit wechselndem Grundton Bluestonleitern, bis Chloë protestiert und sich die Ohren zuhält.

Inzwischen ist es halb sechs Uhr geworden. Weil Felchlin heute mit Kochen an der Reihe ist, versorgt er das Saxofon und geht in die Küche.

Ein kühler Luftzug weht vom See herauf. Trotzdem essen sie im Freien, gut verpackt in Pullover und Wollsocken. Ein paar Elstern keckern in den Alleebäumen, von der Weide schnaubt es. Der frische Lachs, in Folie gegart und mit Dill und Zitronenscheiben gewürzt, zu Ofenkartoffeln und gedämpften Zucchini und garniert mit einem großen Klacks Sauerrahm schmeckt sogar Chloë, die bei Fisch meist heikel ist. Felchlin hat einen portugiesischen Weißwein geöffnet, Carla und er prosten sich zu. Der Wein ist herb und frisch, die Aufregungen des Tages zählen nicht mehr. Auf die Information, ein Unbekannter habe ihr Tor für Schreibübungen benutzt, reagieren die Kinder ohne große Aufregung.

Später wählt Felchlin Mrs McCanns Nummer. Sie ist zu Hause und freut sich, dass sich die Schweizer Gäste wohlfühlen. Die Schmierereien erwähnt er nicht, hingegen die Spukgerüchte. Mrs McCann lacht schallend.

»Typisch irisch! Überall vermuten die Leute Gespenster, jeder will seinen eigenen Geist im Garten oder Keller haben, je mehr davon, umso besser. Sind Sie schon einem Leprechaun begegnet?«

»Einem was?«, fragt Felchlin und hört sich die Beschreibung grün gekleideter zwergenähnlicher Geister an, die Schuhe flicken und am Ende des Regenbogens einen Topf voller Gold verstecken.

»Wenn Sie einen Leprechaun erwischen, dürfen Sie drei Wünsche tun, bevor Sie ihn wieder freilassen. Die Jagd lohnt sich also!« Wieder lacht Mrs McCann herzhaft. Sie buchstabiert, wie man Leprechaun schreibt, dann notiert Felchlin Tom Kavanaghs Telefonnummer.

Ein Mann nimmt ab, einen Namen nennt er nicht. Er wünscht den Grund des Anrufs zu erfahren und bittet um einen Augenblick Geduld. Nach einer Weile meldet sich eine geschmeidige, für einen Mann recht helle Stimme.

»Tom Kavanagh speaking. What can I do for you?«

Ohne zu unterbrechen, hört er sich die Geschichte des blockierten Klos an.

»Das Wasser läuft nicht ab? Den ganzen Tag nicht? Der Sanitärinstallateur wird das selbstverständlich beheben. Ich werde ihn anrufen und Sie informieren, sobald ich mehr weiß. Sonst ist alles in Ordnung, hoffe ich?«

»Im Haus schon. Aber Unbekannte haben zwischen gestern Abend und heute Nachmittag das Tor zur Straße verschmiert. ›Fuck off‹, steht jetzt dort. Wahrscheinlich gilt das uns. Haben Sie eine Idee, wer dahinterstecken könnte?«

»Keine Ahnung, irgendwelche Idioten. Dumpfheit oder Neid oder beides, und beides ist nicht ganz selten in diesem Land«, sagt Kavanagh nach einer Pause. »Es tut mir leid, dass Sie während Ihres Urlaubs Ärger haben. Ich werde einen Maler beauftragen, das Ärgernis so bald wie möglich zu beseitigen.«

Kavanaghs Stimme drückt weder Aufregung noch Unmut aus, der Tonfall bleibt höflich und beherrscht. Felchlin versucht sich den Mann vorzustellen. Schlank, rasierter Schädel, auch zu Hause sorgfältig gekleidet, elegante Handbewegungen. Großes Anwesen, ein Butler oder Privatsekretär, teure Möbel, flauschige Teppiche wie hier im Wohnzimmer, die jeden lauten Schritt ersticken.

»Noch etwas«, sagt Felchlin. »Ich glaube überhaupt nicht an Spuk oder Gespenster. Doch im Ort wurde mir gesagt, dass die Leute hier wiederholt unerklärliche Stimmen gehört hätten. Die Stimmen weinender Kinder, ohne dass Kinder in der Nähe waren. Angeblich deshalb wollen die Einheimischen nicht mehr für Sie arbeiten. Ich weiß, das klingt höchst seltsam. Ich erwähne es nur, weil vielleicht ein Zusammenhang mit der Schmiererei denkbar ist.«

Wieder bleibt es eine Weile still. Als Kavanagh antwortet,

hat seine Stimme eine andere Färbung angenommen, noch distanzierter und sehr beherrscht.

»Sie wissen, Mr Felchlin, welchen Unsinn manche Leute erfinden und als Wahrheit ausstreuen. *These ghost stories are absolute rubbish.* Ich kann mir nicht vorstellen, wo das herkommt. Am besten vergessen Sie es gleich wieder und genießen einfach Ihren Urlaub.«

Kavanagh beendet das Gespräch nach ein paar Höflichkeitsfloskeln und für einen sich so kultiviert gebenden Mann recht abrupt, erzählt Felchlin später, als Carla und er im Wohnzimmer den Rest des Weißweins trinken.

»Seltsamerweise hatte ich einen Moment lang das Gefühl, der Mann weiß mehr. Wie es häufig bei einem Verhör passiert. Du hörst dir etwas an und weißt haargenau, dein Gegenüber sagt nicht alles. Das kennst du ja bestens.«

Nachdenklich nippt Carla an ihrem Glas.

»Mir passiert es jetzt noch öfter als bei der Polizei. Die Frauen, die zu uns auf die Beratungsstelle kommen, sind oft sehr verängstigt, und es dauert lange, bis sie die wahre Geschichte erzählen. Misshandlungen, Gewalt und Übergriffe preisgeben.«

»Kavanagh klang keineswegs verängstigt. Eher arrogant. Und später kalt wie ein Eisberg.«

Warum hat er so stark auf Kavanagh reagiert, überlegt Felchlin. Hat es mit einem früheren Fall zu tun, mit einem ähnlichen Typ Mensch, an den er erinnert wurde? Er denkt eine Weile nach, ohne dass ihm etwas einfällt. Dann registriert er Carlas forschenden Blick und zuckt mit den Schultern.

»Egal. Wir sind in den Ferien, das sollte ich allmählich kapieren. Und wenn Kavanagh sein Versprechen hält, was ich eigentlich erwarte, sieht unser Tor bald wieder jungfräulich aus. Und wir können im Erdgeschoss aufs Klo.«

Felchlin gießt den Rest Wein in die Gläser, Carla zieht

die Beine unter sich und kuschelt sich in die Sofakissen. Ein Feuer im Kamin wäre gemütlich, meint sie mit einem Blick auf die gestapelten Torfstücke, aber dafür sei es heute zu spät. Danach reden sie über die Kinder, über gemeinsame Kollegen von früher, über Abderhalden, über kürzlich gesehene Filme, über Carlas Großmutter und das Wallis, über Pläne für die kommenden Tage. Carlas Hände streifen manchmal Felchlins Oberarm. Er überlegt, wie es wäre, den Arm um Carlas Schultern zu legen und sie an sich zu ziehen. Ein paarmal ist er nahe daran, dann verlässt ihn wieder der Mut. Zu früh, zu neu diese Nähe, zu riskant Carlas Reaktion. Ihre Zurückweisung ertrüge er schlecht. Die Ferien wären ziemlich im Eimer. Auch in der Liebe muss er einen kühlen Kopf bewahren.

Nach dem dritten ausgiebigen Gähnen meint Carla, sie sei reif fürs Bett. Sie löschen die Lichter und steigen die leise knarrende Treppe hoch. Vor ihrem Zimmer hält Carla still und küsst Felchlin auf beide Wangen. Wie sie es schon oft getan hat, nach einem Feierabendbier, einem gemeinsamen Abendessen, bei einer überraschenden Begegnung in der Stadt.

Sachte, um Severin nicht zu wecken, schließt sie die Tür hinter sich.

5

Carla erwacht davon, dass Severins Haare ihre Nase kitzeln. Er hat sich dicht an sie gekuschelt, und sobald er merkt, dass sie wach ist, schlagen seine Beine gegen ihre Oberschenkel. Bevor sie aufstehen, spielen sie Tiger und Löwe, raufen lachend miteinander und wickeln sich gegenseitig in die Betttücher. Wieder erlaubt der sonnige Morgen das Frühstück vor dem Haus. Die Kinder helfen beim Tischdecken, Felchlin hat nicht verschlafen und kocht Kaffee. Carla schiebt Brotscheiben in den Toaster, und bald zieht würziger Röstduft in die Nasen.

Ihre erste Unternehmung steht rasch fest: nach dem Frühstück ein Ausflug zum Meer hinunter, selbstverständlich mit Badesachen und Angelzeug. Durch das Tor am Ende der Fuchsienhecke gelangen sie auf den Fußweg. Er führt durch Gras und Farnkraut einen sanften Abhang hinunter und mündet bald in eine Naturstraße, die weiter oben von der Asphaltstraße abzweigt. Nach wenigen Schritten erreichen sie eine schroffe Geländekante.

Obwohl Carla den Anblick erwartet hat, ist es wie ein schönes Erschrecken: Auf einmal dehnt sich das Meer vor ihnen, blassblau, glatt wie ein Spiegel und schier endlos hingestreckt bis hin zur kaum erkennbaren Horizontlinie. Zu ihren Füßen fällt die felsige Südküste in die Nordsee ab, weit draußen ziehen zwei Frachtschiffe vorüber. Halbinselförmige Vorsprünge aus Kalk und spitz aus dem Wasser aufragende Klippen wechseln ab mit abschüssigen Grashalden.

Severin löst sich von Carla und packt Chloës Hand. Die zwei Wirbelwinde rennen los, die gewundene Straße hinunter, Lukas folgt mit der Angelrute. Carla und Felchlin traben den

Kindern hinterher. Die Schotterstraße mündet auf einen betonierten Pier, groß genug für ein Wendemanöver. Sie stehen in einer gut geschützten kleinen Bucht. Beidseitig fassen Kalkfelsen den Pier ein und bilden weiter draußen ein Bollwerk gegen das offene Meer. Ein schmaler Durchgang bleibt frei, breit genug für das Fischerboot, das auf der rechten Seite des Piers an einem Metallring vertäut liegt. »Sea Wave«, steht unter dem Bug. Das Boot ist leer.

Nach wenigen Sekunden hat Severin entdeckt, dass er die im Beton eingelassenen Metallringe mit beiden Händen hochklappen und wieder absenken kann. Das rostige Eisen quietscht wie ein gestochenes Schwein, der Kleine bekommt nicht genug davon. Carla hofft, dass er sich nicht die Finger quetscht. Chloë legt sich am Rand des Piers auf den Bauch und streckt die Hand ins Wasser, um die Temperatur zu testen.

»Viel zu kalt, viel kälter als der See«, erklärt sie und steht schon wieder.

»Hier ist es ohnehin nicht günstig zum Baden«, entscheidet Carla, nachdem sie sich überall umgesehen hat. »Es gibt keine Treppe ins Wasser, die Felsen sind unbequem zum Herumsitzen, und außerdem ist es viel zu tief für Severin.«

Schulen kleiner und größerer Fische blitzen im grünen Wasser auf, sie tauchen ab und wieder hoch. Felchlin und Lukas sind sich einig, dass sich die Bucht zumindest zum Angeln eignet. Weil die Kinder unbedingt im Meer schwimmen möchten, schlägt Felchlin vor, zu einem Sandstrand zu fahren, von dem er gelesen hat. Sie verlassen den Pier und laufen zum Haus zurück.

Die nassen Badesachen hängen draußen über der Wäscheleine, im Badezimmer richtet sich Carla die zerzausten Haare. Sand knirscht unter ihren Füßen, überall auf dem Badezimmerboden liegt Sand, sogar auf der Klobrille und im Klo schimmern Sandkörner. Severin muss den halben Strand in seine Hosen gepackt haben. Während Carla den Sand aufwischt, laufen ihr die Bilder des Nachmittags durch den Kopf.

Severin war in seinem Element. Unermüdlich rannte er mit Chloë gegen die heranrollenden Wogen, und wohl tausend Mal versuchten sie über die Wellenspitzen zu springen. Felchlin kraulte mit Lukas um die Wette und gewann, was niemanden erstaunte. Später tat ihr Lukas beinahe leid, als seine Angelrute außer einigen Knäueln Tang und einem toten Seestern nichts aus dem Wasser holte. Doch den Jungen brachte auch das nicht aus der Ruhe.

Den Gleichmut hat er nicht von seinem Vater, denkt Carla, so heftig, wie Felchlin manchmal ausrastet, wenn ihn etwas nervt. Vielleicht von der Mutter? Laura sei noch viel schlimmer, behauptet Felchlin.

Er hatte sich vorgenommen, ein Kapitel aus Yuval Hararis »Eine kurze Geschichte der Menschheit« zu lesen. Bloß sank das Buch schon nach wenigen Minuten auf sein Gesicht, und darunter begann es leise zu schnarchen. Sie schaute ihm dabei zu. Als er mit einem Ruck erwachte und das Buch vom Gesicht hob, bemerkte er ihren Blick. Sie lächelten einander an, Felchlin ein bisschen verlegen.

Eigentlich schön, dass in diesem Moment keiner von uns etwas sagte, denkt Carla. Nicht mit jedem Mann kann man das, zwischendurch einfach mal schweigen.

Sie schüttelt den zusammengekehrten Sand aus dem Fenster ins Gras, geht in die Küche hinunter und setzt Spaghettiwasser auf. Vor dem Haus machen sich die Kinder mit Krocketschlägern und den Drahttoren zu schaffen, die sie im Geräteschuppen entdeckt haben. Carla brät das Hackfleisch für die Soße an, löscht mit Rotwein und gehackten Tomaten ab und würzt den Sugo mit Salz, Pfeffer und Kräutern. Eben löst sie einen Salatkopf auseinander, als Chloë in die Küche schießt.

»Komm schnell, ein Kind, beim Tor!«

Carla schaltet die Hitze auf den Herdplatten zurück und folgt Chloë vors Haus. Auf dem Kies neben dem geschlossenen Tor steht ein vielleicht zehnjähriges Mädchen in einem verschlissenen Kapuzenpullover und Jeans. Die hellen Haare trägt es im Nacken zusammengefasst, lose Strähnen hängen zu beiden Seiten des Gesichts bis über die Schultern. Wie um den Rückzug sicherzustellen, greift seine rechte Hand hinter sich in die Lücke zwischen Tor und Mauer, durch die es sich gezwängt haben muss. Fluchtbereit blickt es in ihre Richtung.

»Mami, wer ist das?«, sagt Severin und fasst Carlas Hand. Langsam nähern sie sich dem Mädchen.

»Hello, this little boy is Severin. And who are you?«

Das Mädchen senkt den Blick, ohne zu antworten. Nach einer Weile lässt es die rechte Hand los.

»Möchtest du ein bisschen näher kommen?« Carla hofft, das Mädchen kann ihr Walliser Englisch verstehen. Zögernd hebt es das Gesicht. Seine Hände fassen den Saum des Pullovers, wie um sich irgendwo festzuhalten, die hellen Augen flattern von Carla und Severin zu Chloë und Lukas und wieder zu ihr.

»Komm nur näher, wir tun dir nichts«, sagt Carla und lächelt ermutigend. »Wie heißt du denn?«

Das Mädchen schweigt beharrlich und zerrt den Pullover tiefer. Chloë schiebt sich an Carla vorbei und bleibt, gut einen Kopf größer, vor dem Mädchen stehen.

»My name is Chloë and I am twelve years old«, sagt sie in ihrem besten Englisch, *»and what's your name?«*

»Deirdre«, flüstert das Mädchen nach einer Pause und schaut wieder zu Boden.

»Dierdri?«, wiederholt Chloë unsicher.

»*Deirdre – what a beautiful name! Are you looking for someone, Deirdre*, suchst du jemanden?«

Fast unmerklich schüttelt Deirdre den Kopf und blickt auf ihre abgeschabten Turnschuhe. Die Sekunden vergehen, Severin zieht an Carlas Hand. Sie überlegt.

»Weißt du was, Deirdre? Ich koche jetzt die Spaghetti fertig, und wenn du Lust hast, kannst du mit uns etwas essen. Dann schauen wir weiter. Vielleicht magst du inzwischen mit Chloë und Severin und Lukas Krocket spielen, oder du setzt dich einfach irgendwohin und schaust zu, okay?«

Sie geht in die Küche zurück. Kinder sind meistens gut darin, sich zu beschnuppern und zu organisieren, da stört sie höchstens. Das Salzwasser brodelt leise, der Sugo schmeckt pikant, und den Rotwein hat sie entkorkt. Bevor sie die Salatsoße zusammenrührt, ruft sie Lukas und bittet ihn, draußen den Tisch zu decken, mit einem zusätzlichen Gedeck. Dabei sieht sie, dass das fremde Mädchen seinen Platz beim Tor verlassen hat und neben dem Krocketfeld am Zaun lehnt. Seine Kopfbewegungen verraten, dass es Chloës und Severins Spiel genau verfolgt. Ein Ball rollt vor seine Füße. Rasch bückt es sich und wirft den Ball zu Chloë. Danach verbirgt es wie vorher die Hände in den Ärmeln des Kapuzenpullis.

»Ich habe versucht mit ihr Englisch zu reden«, sagt Lukas und nimmt einen Stapel Teller aus dem Geschirrschrank, »aber sie sagt kein Wort. Dabei ist mein Englisch gar nicht schlecht, das findet auch die Englischlehrerin.«

»Deirdre ist nur scheu, das hat nichts mit deinem Englisch zu tun«, versichert Carla. »Hier, das Brot kannst du auch mitnehmen.«

Mit dem Harari unter dem Arm erscheint Felchlin in der Küche.

»Ich sehe, wir haben Besuch. Woher kommt die Kleine?«

»Wahrscheinlich aus der Nachbarschaft. Bloß sagt sie

nichts, kein Wort, außer ihrem Namen. Sehr irisch, Deirdre. Vielleicht macht ein Teller Spaghetti sie gesprächiger, und wir finden heraus, wo sie wohnt. Ich hoffe nur, dass ihre Mutter sich nicht schon Sorgen macht.«

Felchlin geht ans Fenster und schaut den spielenden Kindern zu.

»Auf mich wirkt das Mädchen ziemlich ärmlich, zerfranste Jeans, abgetretene Turnschuhe. Wie alt schätzt du es?«

»Etwas jünger als Chloë, zehn, elf.«

Carla träufelt Olivenöl über die abgeschütteten Spaghetti.

»Wir können essen. Nimmst du bitte den Wein und Tee nach draußen? Und die Kinder kannst du auch rufen.«

Während Carla den Salat in die Teller schöpft und die Gläser der Kinder mit Tee füllt, geht Felchlin zu Deirdre. Noch immer steht sie am Zaun zur Pferdeweide, zerrt an ihrem Pulli und wirft hie und da einen Blick zur Tischrunde. Die Kinder haben den Salat schon halb gegessen, als Deirdre Felchlin zögernd zum Tisch folgt und sich auf den freien Stuhl zwischen Severin und Chloë schiebt. Ohne nach links und rechts zu blicken, gabelt sie hastig Salat in den Mund und beißt dazu große Stücke Brot ab. Auch ihren Tee trinkt sie mit tiefen Schlucken.

So wie sie isst und trinkt, wirkt sie halb verhungert, denkt Carla und schöpft eine ordentliche Portion Spaghetti auf ihren Teller. Tief über den rot-weißen Berg gebeugt schaufelt Deirdre die Pasta in den Mund, kaut, schluckt und schaufelt weiter, als gälte es, einen Wettbewerb zu gewinnen. Chloë schaut Deirdre mit offenem Mund zu, kichert und will etwas zu Lukas sagen, der sich Mühe gibt, die Spaghetti auf die Gabel zu rollen. Mit einem scharfen Blick gebietet ihr Felchlin zu schweigen. Eine Weile hört man nichts als das Klappern des Bestecks und Severins Schmatzen, der seine Spaghetti mit den Lippen hochsaugt.

Chloë fragt, was es zum Dessert gebe. Sie schaut zu Deirdre, die soeben mit dem Zeigefinger die restliche Tomatensoße aus dem Teller wischt und ableckt. Ob sie Ice Cream möge. Für eine Sekunde weiten sich die Augen des Mädchens, und zu Chloës Genugtuung bekommt sie eine geflüsterte Antwort: *»Yes please.«* Ebenso konzentriert wie vorher die Pasta löffelt Deirdre den Teller mit Himbeer- und Vanilleeis leer und vertilgt dazu mehrere Biskuits.

Carla sucht Felchlins Augen, sie verständigen sich mit einem Blick. Er heißt die Kinder den Tisch abräumen, Severin dürfe dabei helfen. Die Kinder verschwinden mit Tellern, Besteck, Salatschüssel und Brotkorb in der Küche, Carla dreht sich zum Mädchen.

»Ich glaube, es hat dir geschmeckt? Das ist prima. Und jetzt wollen wir schauen, dass du wieder zu deiner Mummy und deinem Daddy zurückgehst. Wir können dich mit dem Auto heimfahren. Wie heißt du mit Nachnamen? Und wo wohnst du?«

Deirdres Hände zupfen die Papierserviette in kleine Fetzchen.

»I have no Daddy«, flüstert sie, ohne den Blick zu heben, *»just Mummy.«*

»Und wie heißt deine *Mummy*?«

»Sarah.«

»Wie begrüßen die Leute deine Mummy?«, versucht es Felchlin nach einer Weile. *»Hello, Missis …?«*

Kein Laut kommt von Deirdre außer dem Geräusch des reißenden Papiers zwischen ihren Fingern.

»Möchtest du noch eine Weile mit den Kindern spielen, bevor du nach Hause gehst?«, fragt Carla.

Ein kaum sichtbares Nicken des Mädchens ist die Antwort.

Felchlin steht auf. »Ich rufe die lokale Polizeistation an, ob sie etwas von einer Vermisstenmeldung wissen«, sagt er leise zu Carla.

Eines der Pferde trottet herbei und hängt den Kopf über den Zaun. Deirdre reagiert augenblicklich. Wie ein Floh schnellt sie vom Stuhl und rennt hinüber. Mit hochgestrecktem Arm klopft sie den Hals des falben Hengstes, glättet mit den Fingern die verfilzte Mähne. Ihre Finger streichen über die Nüstern des Tieres, immer wieder. Das Pferd hält still, schnaubt nur hie und da leise.

Vielleicht erleichtert das Tier ein Gespräch, denkt Carla und geht zu Deirdre. Wie sie ihren Arm hebt, um den Hals des Pferdes zu tätscheln, zuckt das Mädchen reflexartig zusammen. Carla erschrickt. War sie unvorsichtig, hat sie ein Warnsignal übersehen? Gleichzeitig hat ihr die unerwartete Reaktion mehr verraten als viele Worte.

»It's alright, Deirdre.« Sie geht zwei Schritte zur Seite. Das Mädchen beruhigt sich, seine Hand streicht weiter über die Pferdenase.

»You like horses, don't you?«, fragt Carla, und Deirdre nickt.

»Das kann ich sehen. Du gehst sehr lieb mit ihm um.«

Das Mädchen bückt sich, reißt ein Büschel Gras aus und hält es dem Pferd hin. Mit den Lippen packt der Falbe die Halme und befördert sie ins Maul, die Zähne beginnen zu mahlen. Drüben beim Haus wird es laut, mit Badmintonschlägern in der Hand rennen die Kinder auf die Wiese. Schon steht Chloë bei ihnen am Zaun, und einen Augenblick lang befürchtet Carla, ein Wettbewerb um die Gunst des Hengstes könnte aufflammen. Chloë würde sie es ohne Weiteres zutrauen. Aber nichts dergleichen passiert. Einträchtig tätscheln die Mädchen den Pferdehals. Die kleine Irin wirkt wohl zu wenig bedrohlich.

Chloë erkundigt sich, ob Deirdre mit ihnen Badminton spielen wolle. Mit einer raschen Bewegung drückt das Mädchen seine Stirn gegen die Nüstern, atmet den Geruch des

Tieres ein und lässt vom Hengst ab. Chloë reicht ihr einen Schläger.

Im Haus hört Carla Felchlin telefonieren. Sein Englisch ist viel besser als ihres, stellt sie einmal mehr fest, es klingt richtig gut. Dafür schlägt sie ihn in Französisch und erst recht in Italienisch, Italienisch spricht er knapp zehn Wörter. Er kommt in die Küche.

»Die Polizei weiß nichts von einem vermissten Kind. In ganz Irland keine Meldung.«

Carla beschreibt ihm Deirdres Zusammenzucken. »Sie ist ein geschlagenes Kind, davon bin ich überzeugt. Vielleicht ist sie deshalb von zu Hause weggerannt. Und jetzt hat sie Angst vor den Folgen. Was machen wir mit ihr?«

»Ich habe dem Polizisten gesagt, dass sie heute Nacht bei uns bleiben kann und wir uns morgen wieder melden. Damit war er einverstanden. Falls sie Neuigkeiten haben, rufen sie an.«

»Was ist denn das für eine Mutter? Stell dir vor, uns würde so etwas passieren. Wir würden Himmel und Hölle in Bewegung setzen, um die Kinder zu finden.«

Felchlin stellt sich neben Carla ans Fenster. Eine Weile beobachten sie das Spiel der Kinder. Chloë und Deirdre spielen gegen Lukas, Severin fetzt mit seinem Schläger über die Wiese und bringt die verschlagenen Federbälle zurück. Obwohl sie ungeübt wirkt, reagiert Deirdre geschickt und versucht, die Bälle in Lukas' Richtung zurückzuschlagen. Ihr verschlossenes Gesicht hat sich aufgehellt, und nach einem geglückten Treffer stiehlt sich ein scheues Lächeln über ihre Züge.

Chloë und Severin kreischen um die Wette, Lukas ruft: *»Go, Deirdre, go! Take it! Yes, very good!«*

»Die Kinder machen das richtig toll, findest du nicht auch?«

Seinen Stolz auf die Kinder verbirgt Felchlin nicht im Geringsten. Als Carla in seinem Team bei der Polizei arbeitete, fiel ihr auf, wie sehr ihn die Trennung von Lukas und Chloë belastete. Dann die Streitereien mit seiner Ex-Frau am Telefon, deren unfreiwillige Zeugin sie manchmal wurde. Immer drehte es sich um die Kinder und meistens darum, dass er wegen seines Berufs zu wenig Zeit mit ihnen verbringen konnte. Ihn jetzt als Vater zu erleben, unbeschwert und glücklich, gefällt ihr. Wie er dasteht, mit seinen kurzen dunklen Haaren, in einem grünen Hemd mit hochgekrempelten Ärmeln, die Hände in den Taschen der Jeans, und aufmerksam hinausschaut, sieht er viel jünger aus. Als ob er eine lästige Haut abgestreift hätte, die ihn einschnürte und grau aussehen ließ.

Inzwischen ist es neun Uhr geworden, nach dem langen Tag sind die Kinder müde. Carlas und Severins Zimmer bietet Platz für ein drittes Lager. In einer Abstellkammer stöbern sie eine Matratze und Bettzeug auf. Widerstandslos lässt sich Severin ins Bett bringen und schläft schon fest, als Carla ihm die Bettdecke unter der Matratze feststopft.

Wortlos betrachtet Deirdre ihr Nachtlager und das T-Shirt, das Carla ihr hinlegt. Irgendwo findet sich eine unbenutzte Zahnbürste. Gemeinsam mit Lukas und Chloë putzt Deirdre die Zähne, wechselt im Schlafzimmer ins T-Shirt und legt ihre Kleider in einem ordentlichen Haufen neben die Matratze. Ihre Unterarme sind zerkratzt, als ob jemand sie mit Dornen geschrubbt hätte. Offene Wunden kann Carla keine sehen, auch keine blauen Stellen. Das Mädchen schlüpft unter die Decke und zieht sie hoch bis zum Hals. Carla kauert sich neben dem Lager hin und streicht Deirdre übers Haar.

»*Good night, Deirdre, sleep well.* Wenn du etwas brauchst, weckst du mich einfach, okay? Ich schlafe ja ganz nahe bei dir. Und morgen suchen wir deine Mummy und bringen dich wieder zu ihr.«

Das Mädchen blickt sie für einen Moment aus wasserhellen Augen an, ohne ein Lächeln. Ich habe keine Ahnung, denkt Carla, wie einsam oder verzweifelt sich dieses Kind vielleicht fühlt. Ich weiß nichts von ihm und kaum etwas von seinen Gefühlen. Ich hoffe einfach, dass es sich nicht fürchtet und die Geborgenheit spürt, die wir ihm geben wollen. Ein paar Sekunden verweilt sie neben Deirdres Lager, hört in ihrem Rücken Severins Atemzüge und streicht noch einmal über die Haare des Mädchens, bevor sie aufsteht.

»Good night«, flüstert sie und zieht leise die Tür hinter sich zu.

6

Der Schmerz ist schlimmer als alles, was sich Rose Mary je an Schmerzen hätte vorstellen können. Als würde sie bis zum Bauchnabel in zwei Teile zerreißen, als fahre ihr der Teufel mit einem glühenden Eisen zwischen die Beine und ziehe das Marterinstrument durch Organe und Eingeweide hoch, immer und immer wieder. Rose Mary schreit, wie sie noch nie geschrien hat, ihr Unterleib, ihr ganzer Körper ist nur noch ein Bündel aus irrwitzigem Schmerz. Die Wehen nähern sich in unaufhörlichen Wellen, und jede Welle ist noch höher und furchtbarer als die vorangehende. Rose Mary schnappt nach Luft, sie verschluckt sich, hustet und schreit wieder, sobald sie zu Atem kommt, gellend, unablässig, ein alles durchdringender Schrei auf jeden Atemzug. Weit weg von Tränen ist sie, Tränen wären ein Labsal im Feuer, das ihren Unterleib versengt, und in den Messern, die durch ihr Fleisch schneiden. Jede Wohltat, jede Erleichterung bleibt ihr versagt. Ihr Körper bäumt sich unter der nächsten Welle, harte Hände nageln ihre Arme und Knöchel auf das dünn gepolsterte Bett, man hält sie fest, die Beine gespreizt, der hochgewölbte Bauch und die Scham nackt und den Blicken ausgeliefert. Und dazu dieses unsagbare, unfassbare, ungeheuerliche Geschehen dort unten.

Alexandra starrt auf einen Punkt zwischen Rose Marys Beinen.

»Ich sehe etwas. Es bewegt sich.«

Dann hebt sie den Kopf, Panik in den Augen.

»Kein Kopf«, flüstert sie, »es ist der Steiß. Das Kind liegt verkehrt. Das Mädchen wird sterben!«

Grace, mit ihrem ganzen Gewicht auf Rose Marys Arme gestützt, schnaubt verächtlich.

»Unsinn, mach weiter, Alexandra. Nimm die Zange. Etwas hast du schließlich gelernt.«

»Können wir nicht – wenigstens – ein bisschen Schmerzmittel –«

Rose Marys schrille Schreie fallen von Wänden und Decke zurück auf die beiden grau gekleideten Frauen.

»Ich will nicht sterben, ich will nicht –«

»Nimm dich endlich zusammen, Mädchen! Sündigen, das konntest du, nicht wahr? Nun, hier ist die Strafe dafür, Gottes gerechte Strafe für deine Sünde.«

Grace presst die Fingerspitzen in die Arme der jungen Frau.

»Und Schmerzmittel für Sünderinnen gibt es keine, das weißt du genau, Alexandra.«

Alexandra friert es vor der Kälte in Grace' Augen. Mit zitternden Händen nimmt sie die Zange vom Instrumententisch und sieht, dass der Steiß in der zum Zerreißen gedehnten Geburtsöffnung feststeckt. Vorsichtig führt sie die beiden Zangenhälften am Körper des Babys entlang in die Vagina. Rose Marys Schreien steigert sich zu heiserem Kreischen, und jetzt, als unter dem Ziehen und Wenden der Zange ihr Damm, ihre Vagina, ihre Labien einreißen, wie Blut und blutiges Fruchtwasser aus der Öffnung und aus den Rissen schießen und die Tücher rot färben, löst sich ein markerschütternder Schrei aus ihrem Mund, der Alexandra an ein wildes Tier denken lässt. Erst als das Baby in einem Meer aus Blut und Fruchtwasser zwischen Rose Marys Beinen liegt und mit leisem Quäken seinen ersten Atemzug tut, setzt das Schreien aus.

Zitternd stützt sich Rose Mary auf die Unterarme und starrt ungläubig auf das Kind. Ihr Kind. Ihr kleines Mädchen.

Ein Laut zwischen Schluchzen und Lachen bricht aus ihrem Mund, sie beginnt haltlos zu weinen.

Grace schaut auf die Uhr. Sie schlägt das schwarz gebundene Buch auf und notiert »*Rose Mary Kelly, 2. September 1960, 18:43, a girl*«.

Carla erwacht und weiß, sie hat etwas geträumt, etwas Schlimmes, Furchtbares, vor dem sie davonlaufen wollte und es nicht konnte, weil etwas sie festhielt und ihre Beine lähmte. Hat sie geschrien? Sie ist klatschnass, das Nachthemd klebt am Körper.

Trotz der zugezogenen Vorhänge ist es nicht mehr ganz dunkel im Zimmer. Die Nächte sind kurz hier, es muss gegen vier Uhr morgens gehen. Neben ihr, sein Wuschelkopf auf Höhe ihres Magens, atmet Severin ins Leintuch. Im Laufe einer Nacht wühlt er sich immer tiefer unter die Decken, bis er gegen Morgen weit unten im Bett neben ihren Füßen ankommt und dort erwacht, nass und verstrubelt wie ein neugeborenes Meerschweinchen.

Sie dreht sich auf den Rücken und versucht, die verwirrten Fäden des Traums zu ordnen. Etwas war da mit Kindern. Viele Kinder in einer endlosen Reihe. Alle hielten etwas in den Armen, etwas Längliches, das aussah wie ein Laib Brot. Aber es war kein Brot, das wusste sie schon im Traum. Was die Kinder dort machten, ob sie weinten oder auf etwas warteten, weiß sie nicht mehr. Nur dass es grauenhaft war.

Sie zieht das nasse Nachthemd über den Po hinunter, und gleichzeitig schlägt es wie ein Blitz in ihr ein: Etwas stimmt nicht. Sie richtet sich auf und späht durch das Fastdunkel zur Matratze. Die Decke ist zurückgeschlagen, das Lager leer. Der Kleiderhaufen daneben ist verschwunden, nur das T-Shirt liegt noch dort. Die Zimmertür ist zu.

Deirdre ist weg.

Einen Moment lang hört Carla nur das Rauschen in ihrem Kopf, dann ihren Herzschlag. Wo ist das Mädchen? Gestern Abend, als Felchlin und sie gegen elf schlafen gingen, lag Deirdre auf der Matratze und schlief, der Körper gebogen wie ein Halbmond, die Arme vor dem Gesicht, die halb aufgelösten Haare wirr auf dem Kissen. Ihr Atem ging ruhig, sie bewegte sich nicht. Ist sie auf dem Klo? Aber ihre Kleider sind nicht mehr da.

Vorsichtig schiebt sich Carla aus dem Bett, das Nachthemd klebt auf Rücken und Brüsten. Sie öffnet die Tür, tastet sich in den Gang. Sie findet den Lichtschalter und stößt die Badezimmertür auf. Leer.

Leise steigt sie die Treppe hinunter, schaut im Wohnzimmer nach, in der Küche. Deirdre ist nirgends. Sie tappt zur Haustür, der Schlüssel steckt. Zweimal hat sie ihn gestern im Schloss gedreht, bevor sie zu Bett gingen. Die Tür ist verschlossen. Zurück in der Küche entdeckt Carla die unverriegelte Tür nach draußen. Sie ist sicher, dass sie gestern Abend den Riegel vorgeschoben hat. Sie öffnet die Tür und sieht hinaus. Der Kiesplatz mit Tisch und Stühlen liegt in der Frühdämmerung, dahinter der Rasenstreifen und jenseits des Zauns die Pferdewiese. Der Himmel ist ein fahles Grau und wolkenlos, davor, schwarz wie Scherenschnitte, die Bäume. Weiter unten schimmert der See wie ein Streifen aus dunklem Quecksilber. Alles ist still. Das Tor ist geschlossen, Deirdre nirgendwo zu sehen. Einen Moment lang überlegt Carla, ob sie zum Tor laufen und auf der Straße nachsehen soll. Aber inzwischen klebt das Nachthemd wie eine eiskalte Haut an ihr, und sie friert. Außerdem ist sie barfuß. Und Deirdre steht kaum draußen auf der Straße und wartet.

Während Carla die Treppe hochsteigt, überlegt sie. Als Erstes muss sie Felchlin wecken. Sachte klopft sie an seine Tür, einmal, zweimal. Nichts regt sich. Vorsichtig drückt sie die Klinke hinunter. Sie gibt mit leisem Quietschen nach und weckt ihn. Wie er Carla in der halb offenen Tür sieht, schnellt er im Bett hoch und schwingt die Beine auf den Boden. In ihrem weißen Nachthemd und mit den verwirrten Haaren, fährt ihr durch den Kopf, hält er sie womöglich für ein Gespenst. Oder glaubt er, sie wolle Sex?

»Deirdre ist weg«, flüstert sie rasch und tut einen Schritt ins Zimmer. »Durch die Küche. Sie hat den Riegel aufgestoßen. Keine Ahnung, wann, ich habe die leere Matratze erst vor wenigen Minuten entdeckt.«

Felchlin knipst die Nachttischlampe an.

»Carla, du schlotterst ja. Komm, zieh meinen Pullover an und setz dich aufs Bett.«

Er bauscht die Bettdecke hinter ihren Rücken und über die nackten Beine. Leise zählt sie die Orte auf, wo sie nach Deirdre gesucht hat. Den Traum behält sie für sich, der gehört nicht hierher. Felchlin bückt sich nach seinen Socken.

»Ich fahre die Straße in beiden Richtungen ab. Wenn ich Deirdre nicht finde, rufe ich die Polizei an.«

Schon hat er die Jeans über seine Boxershorts gezogen und hochgezippt. Carla zieht seinen Pullover über den Kopf, ihre Hände berühren sich.

»Ich lege mich wieder ins Bett, bis du zurück bist. Hoffentlich findest du das Mädchen.«

Bevor Carla zu Severin ins warme Bett schlüpft, geht sie aufs Klo. Durch das angelehnte Fenster hört sie, wie Felchlin das Auto startet und über den Kies auf die Straße fährt. Es ist zwanzig nach vier.

Zurück im Zimmer fasst sie Severin vorsichtig unter den Armen und zieht ihn auf sein Kissen hoch, ohne dass er erwacht. Er stößt einen tiefen Seufzer aus, dreht sich auf die Seite und atmet ruhig weiter. Mit offenen Augen liegt sie auf dem Rücken, hört Severins Atemzügen zu und versucht sich vorzustellen, wo Deirdre sein könnte. Was hat sie weggetrieben – Furcht oder Heimweh? Oder beides? Wohnt sie in der Nähe und ist schon fast zu Hause, oder irrt sie irgendwo im

Halbdunkel herum? Droht ihr daheim Prügel? Oder ist die Mutter einfach nur erleichtert, wenn das Mädchen zurück ist? Was ist mit dem Vater? Gibt's den noch? Ist er gestorben? Nach England oder in ein anderes Land ausgewandert? Carla beginnt zu frieren und zieht die Bettdecke hoch bis zum Kinn. Wo steckt das Mädchen? Ist es in Gefahr? Wenn sie ehrlich ist, hat sie wenig Hoffnung, dass Felchlins Suche Erfolg hat.

Sie bewegt die Hand, bis sie die Wärme von Severins Rücken spürt. Im Rhythmus seines Atems berührt sein Schulterblatt ihre Finger, eine Bewegung, zart wie die eines Schmetterlingsflügels. Sie dreht den Kopf, sieht die Wuschelhaare. Ihr kleiner Sohn, das Allerwichtigste, Kostbarste auf dieser Welt. Nicht vorzustellen, dass sein Vater damals wünschte, sie solle die Schwangerschaft beenden. Nicht vorzustellen, wie es wäre, wenn er plötzlich verschwände wie Deirdre. Eine Welle aus Liebe und Glück und Besorgnis überflutet Carla und presst die Tränen in ihre Augen.

Eine halbe Stunde später knirscht Kies unter Autorädern. Leise schlüpft Carla in Sandalen und eine Wolljacke und steigt die Treppe hinunter. Schon durch das Fenster sieht sie, dass Felchlin allein ist. Wortlos setzt er sich an den Küchentisch, sie kocht Teewasser. Er beschreibt ihr, welche Straßen er abgefahren hat. Nirgends eine Spur von Deirdre.

»Etwas anderes ist mir aufgefallen. Beim Zurückfahren kamen mir im Wald drei Autos entgegen, kurz hintereinander, und alle fuhren schnell. Ich musste abbremsen und an den Straßenrand ausweichen.«

»War der dunkelblaue Ford dabei?«

»Möglich, aber sicher bin ich nicht. Das Licht war zu diffus.«

Carla gießt den Tee auf, lässt ihn ein paar Minuten ziehen und schenkt zwei Tassen voll. Felchlin telefoniert mit dem Polizeiposten. Er klingt verärgert und beendet das Gespräch grußlos.

»Den Kerl im Nachtdienst ließ das völlig kalt, er hörte kaum zu. Als ob es sich um einen vermissten Sack Brennholz handelt und nicht um ein zehnjähriges Mädchen!«

Schweigend sitzen sie einander gegenüber, Carla legt die Hände um die Tasse. In Felchlins Gesicht spiegeln sich Wut und Enttäuschung. Er atmet mit einem Laut zwischen Fauchen und Seufzen aus und sucht ihren Blick.

»Im Moment können wir nichts tun. Der Idiot auf dem Posten tut auch nichts, außer auf eine Vermisstenanzeige zu warten, die vielleicht nie kommt. Kein Suchtrupp, nichts.« Er trinkt den Tee aus und steht auf. »Ich gehe wieder ins Bett, es ist erst fünf. Vielleicht schlafe ich nochmals ein. Dann bis zum Frühstück.«

Er ist schon halb aus der Küche, dreht sich um und kommt zurück. Mit den Händen umfasst er die Stuhllehne.

»Mach dir nicht zu große Sorgen um das Mädchen. Eigentlich denke ich nicht, dass Deirdre etwas passiert. Sie kennt die Gegend. So wie sie zu uns gefunden hat, findet sie auch wieder zurück, wo immer das ist.«

Carla nickt und schlingt die Arme um die nackten Beine, die sie auf den Sitz hochgezogen hat. Sie hört Felchlin die Treppe hochsteigen. Über ihr knarrt ein Brett, dann ist es still im Haus.

Sie schaut aus dem Fenster. Die aufgehende Sonne taucht die Baumwipfel zu beiden Seiten der Pferdewiese in goldenes Licht, Tau glitzert auf Halmen und Grasbüscheln, und der See unten in der Senke liegt da wie ein glänzender Spiegel. Durch das geschlossene Fenster kann sie Vogelstimmen hören. Wieder wird es ein sonniger Tag.

7

Deirdres Verschwinden beschäftigt die Kinder, während des Frühstücks sprechen sie über nichts anderes. Chloë entwickelt wilde Hypothesen. Vielleicht sei Deirdre über den Zaun gestiegen, auf eines der Pferde geklettert und auf und davon geritten. Andere Geschichten bevölkert sie mit Leprechauns und Elfen, die durchs Fenster eindrangen und Deirdre zum Regenbogen entführten. Mit offenem Mund hört Severin zu und vergisst, seine Cornflakes zu essen. Lukas meint nachdenklich, er habe nicht gewusst, dass jemand so scheu sein könne wie Deirdre. Nicht nur scheu, auch traurig. Erst als sie das Pferd streichelte, habe sie ein bisschen glücklich ausgesehen. Und ja, beim Badmintonspielen auch.

»Mir hat sie ›Tank juu‹ gesagt, als ich ihr den Federball zurückgebracht habe«, ruft Severin und fuchtelt mit den Armen. Mit Glück kann Carla den Kaffeekrug vor dem Umfallen retten.

»Was machen wir heute?«, fragt Felchlin, als die Kinder einen Moment lang schweigen.

Tatsächlich konnte er noch einmal einschlafen. Nach dem Aufstehen telefonierte er ein weiteres Mal mit dem Polizeiposten. Nur um die gleiche Antwort zu hören: nichts, kein Anruf, keine Meldung. Das Mädchen sei bestimmt wieder zu Hause, kein Grund zur Sorge.

»Zum See und baden!«

Die Antwort purzelt fast gleichzeitig aus den drei Mündern. Felchlin schaut zu Carla, sie ist einverstanden.

Heute lassen sich die Esel nicht blicken, so laut Severin auch »Donki, donki« in Richtung der Hügelkuppe ruft. Wie selbstverständlich biegen Lukas und Chloë bei der verfallenen

Kapelle ab, bücken sich durch den Torbogen und bleiben vor dem Grab des Menschenfreunds stehen. Ein aufgescheuchtes Taubenpaar flappt durch die Zweige hoch. Unten beim Fluss bleiben die Kinder stehen. Das Wasser fließt meerwärts, wie vor zwei Tagen um diese Zeit.

»Ich bleibe hier und warte, bis der Fluss umdreht«, erklärt Chloë und setzt sich auf die Böschung.

»Da wartest du mindestens einen halben Tag«, grinst Lukas, »wetten, das hältst du nie durch!«

»Du weißt gar nicht, wie lange es dauert«, gibt Chloë zurück und verschränkt die Arme.

»Wir gehen schon mal voraus. Du findest den Weg ohne uns, oder?«

Felchlin nimmt Severins Hand, sie stapfen durch das Gras. Noch bevor sie die Sandbucht am See erreicht haben, rascheln Chloës Schritte hinter ihnen durch die Halme. Später vertraut sie Carla an, es sei ihr unheimlich geworden, allein am Kanal zu bleiben. Und nicht zu wissen, was in dem Moment passiert, wenn der Fluss die Richtung wechselt.

Der See ist wärmer als vorgestern. Severin rutscht beim Balancieren auf einem Stein aus und plumpst ohne die Schwimmhilfen ins tiefere Wasser. Dabei schluckt er gehörig Brackwasser, bevor Felchlin ihn aus dem Wasser retten kann. Lukas fängt seinen ersten Fisch, ein kleines silbriges Ding, das an der Angel auf und ab hüpft, als ob es fliegen könnte. Sorgfältig löst er den Haken aus dem Mund des Fischleins und wirft es zurück ins Wasser. Chloë und Severin buddeln einen Graben in den Sand und beobachten, wie er sich mit Grundwasser füllt. Danach suchen sie nach Muscheln und kleinen Seeanemonen und lassen sie in ihren künstlichen See gleiten. Mittags gibt es Sandwiches mit Salamischeiben, Tomaten und Essiggurken, Bananen und Biskuits, dazu selbst gebrauten Tee mit frischer Minze aus dem Garten.

Felchlin liegt neben Carla auf dem Badetuch, den Harari vor den Augen.

»Weißt du, seit wann der Mensch das Feuer beherrscht?«

»Keine Ahnung«, sagt Carla schläfrig und schaut hinüber, wo sich Severin und Chloë den Rücken mit nassem Sand vollschmieren.

»Seit dreihunderttausend Jahren. Und vor siebzigtausend Jahren hat er gelernt, auch über Dinge zu sprechen, die er nicht sehen und berühren kann, sondern die er sich nur vorstellt. Also nicht nur über Löwen oder Affen oder ein Gewitter, sondern über Dinge wie Götter, zum Beispiel. Eine Revolution. Deshalb wurden wir so erfolgreich.«

»Hmm«, murmelt Carla und hat Mühe, die Augen offen zu behalten. »Wie geht es wohl Deirdre?«, fragt sie unvermittelt und stemmt sich auf die Ellbogen hoch, um Severin besser im Blick zu behalten.

Später zeigt Lukas Severin, wie er zwischen seinen gegrätschten Beinen durchschwimmen kann, und nach sieben Anläufen hat es der Kleine geschafft.

»Dein Sohn wird nicht nur Sprinter, sondern auch Langstreckentaucher«, prophezeit Felchlin und schaut zu, wie Carla ihr Haar auf dem Hinterkopf zusammenfasst und zu einem Knoten windet. Ein paar Haarsträhnen sind ihren Händen entschlüpft und hängen über den gebräunten Rücken. Er stellt sich vor, dass er mit der Hand über Carlas Rücken streicht, die Strähnen zusammenfasst und sachte in den Knoten schiebt.

»Und dein Sohn wird der beste und geduldigste Kindergärtner, den es in der Schweiz je gegeben hat«, sagt Carla. Sie sagt das mit so viel Wärme, dass Felchlin nach kurzem Zögern seine Hand auf ihren Unterarm legt und dort liegen lässt. Nach einer Weile zieht Carla den Arm aus der Berührung, drückt Felchlins Hand, ohne ihn anzusehen, und springt mit einem Ruck auf die Füße.

»Wer außer Severin schwimmt noch mal mit mir hinaus? Lukas?«

Kurz vor vier schieben sich Wolken vor die Sonne, es wird kühl. Sie packen Decken und Badezeug zusammen und laufen zum Kanal. Chloë schmollt, denn der Fluss hat inzwischen die Richtung gewechselt und fließt landeinwärts.

»Der wartet eben nicht auf dich«, kommentiert Lukas mit einem Seitenblick auf seine Schwester. Statt einer Antwort streckt sie ihm die Zunge hinaus.

Weil Severin müde ist und nicht den Hügel hochlaufen mag, hebt ihn sich Felchlin ächzend auf die Schultern.

»Du bist ja schwerer als ein Sack Kartoffeln!«

Der Kleine kichert vergnügt und kickt mit den Absätzen gegen Felchlins Brust.

Als sie das Haus erreichen, bemerkt Chloë eine Bockleiter, die auf der anderen Seite des Tores hochragt. Blitzschnell presst sie sich durch die Lücke zwischen Tor und Mauer und ist gleich darauf wieder zurück.

»Ein Maler, Paps, er streicht das Tor. Aber braun, nicht blau, wie Carla wollte.«

Felchlin geht hinüber, schwingt sich auf die Mauer und bleibt oben sitzen.

Ein Mann in weißem Overall steht auf der untersten Stufe der Bockleiter und streicht braune Farbe über die schwarze Schrift. Die eine Torhälfte ist fertig übermalt und glänzt im Nachmittagslicht.

»Hello«, sagt Felchlin nach einer Weile, weil der Maler beharrlich weiterpinselt und dabei so tut, als habe er ihn nicht bemerkt.

Nun schaut er hoch und ruckelt den Kopf leicht zur Seite. Er ist klein und untersetzt, ein anliegendes Malerkäppi bedeckt den größten Teil der roten Haare. Am Straßenrand parkt ein Lieferwagen, weiß und mit der Aufschrift *»McLaughlin &*

Son, Painters and Decorators«. Über dem Firmennamen wölbt sich ein knallbunter Regenbogen.

»*The door looks good, much better than before*«, sagt Felchlin und versucht, anerkennend zu klingen.

Der Mann brummt etwas Unverständliches und taucht den Pinsel in den Farbkübel. Redselig ist er nicht gerade.

»Kommen Sie aus Skibbereen?«, versucht es Felchlin weiter.

»*Clonakilty. Forty, fifty minutes drive from here.*« Mit dem Kopf weist er in eine unbestimmte Richtung.

»Kennen Sie Mr Kavanagh persönlich?«

»*Me not, only me boss.*« Der Maler pinselt weiter. Handwerker sind oft eine gute Informationsquelle, aber viel mehr über Kavanagh kriege ich aus dem kaum heraus, denkt Felchlin.

»Tolles Anwesen hier. Kostet sicher eine ganze Menge, Unterhalt und alles.«

»*Yep.*«

Sogar der kurze Grunzlaut ist kaum zu verstehen. Soll er aufgeben oder etwas anderes versuchen?

»Der Schriftzug, den Sie übermalen, klang nicht gerade freundlich. Was halten Sie davon? Wer tut so etwas?«

Der Maler hält einen Augenblick inne, wirft Felchlin einen kurzen Blick zu und malt weiter.

»*I dunno. Some idiots.*«

»Es sieht doch aus, als habe jemand etwas dagegen, dass wir hier sind. Wissen Sie, ob das hier schon öfter passiert ist?«

Der Arbeiter steigt von der Leiter und kratzt sich mit der freien Hand in den Haaren.

»*I dunno.* Aber das Haus stand jahrelang leer. Da musste niemand niemanden vertreiben. Jetzt ist es anders.«

»*I understand.*«

Falls der Mann richtigliegt, könnte ein nach längerer Zeit

wieder bewohntes Haus zum Störfaktor werden. Weil es inzwischen hier etwas gibt, das unbemerkt bleiben soll? Was ist mit dem Typ im Ford, was mit den Autos heute früh? Wo kamen sie her? Von einer der Farmen auf den Hügeln in Richtung Baltimore? Und wohin fuhren sie?

»Noch etwas, dann lasse ich Sie in Ruhe: Ist Ihnen unterwegs ein kleines Mädchen aufgefallen? Allein, vielleicht zehn Jahre alt, mit langen hellen Haaren und einem blauen Pullover?«

Wieder dreht der Mann den Kopf und schaut Felchlin misstrauisch an.

»No. Why?«

»Das Kind ist hier aufgetaucht und danach wieder verschwunden. Wir wissen nicht, wohin, und machen uns jetzt Sorgen.«

Der Maler streicht ein letztes Mal über das Holz und streift die überschüssige Farbe aus dem Pinsel in den Farbkübel. Er schüttelt den Kopf.

»Sorry, Sir, not seen anyone.« Er bückt sich nach dem Metalldeckel, legt ihn auf den Farbeimer und drückt ihn mit beiden Daumen fest. Das war der Schlusspunkt, denkt Felchlin, mehr gibt's nicht.

»Okay, thanks, and a good drive home.«

Ohne auf eine Antwort zu warten, schwingt Felchlin die Beine über die Mauer und springt zurück auf den Kies. Zu seinem Erstaunen brummelt ihm der Maler ein gut vernehmbares *»Thanks, Sir, and goodbye«* hinterher.

Komischer Kerl, denkt Felchlin, den möchte ich nicht verhören müssen, das würde Tage dauern. Er hört, wie der Mann die Bockleiter zusammenlegt und in den Lieferwagen wirft. Kurze Zeit später heult der Automotor auf.

8

Nach dem Abendessen hat niemand Lust, ins Haus zu gehen. Die Wolken haben sich verzogen, die Abendsonne steht noch ein ganzes Stück über dem Horizont und färbt Bäume und Hügel golden, dazu ist es angenehm warm. Carla spielt mit den jüngeren Kindern Krocket, und Lukas verkündet, er gehe mit der Angelrute zum Pier hinunter. Irgendwo habe er gelesen, die Fische bissen abends besonders gut an, das wolle er testen. Felchlin entschließt sich, ihn zu begleiten, und schiebt den Harari in die Jackentasche.

Zehn Minuten später wirft Lukas die erste Angel aus und holt den Haken samt Köder langsam wieder ein. Felchlin hat sich in der Nähe auf einen besonnten Felsen gesetzt. Zum Lesen hat er keine Lust. Lieber beobachtet er seinen Sohn, der wie ein routinierter Fischer elegant die Rute nach vorn schnellen lässt, sodass Haken und Köder weit entfernt im Wasser landen. Oder er denkt über Carla nach – und über Deirdre. Noch immer schaukelt die »Sea Wave« im Rhythmus der Wellen und entlässt manchmal einen knarrenden Ton, wenn ein Fender zwischen Schiffswand und Felsen reibt. Im warmen Licht kreisen ein paar Möwen und krächzen sich unverständliche Botschaften zu.

Zweimal beißt ein Fisch an. Beide sind zu klein und landen wieder im Wasser. Lukas lacht, spießt einen neuen Köder an den Haken und wirft ihn geduldig aus. Wie ein Geschoss pfeilt eine Möwe auf die Wasseroberfläche und schwingt sich zurück in die Luft, im Schnabel einen zappelnden Fisch. »Hey, Konkurrenz!«, spielt Lukas den Empörten und dreht den Kopf zu Felchlin.

In diesem Moment ertönt ein leises Motorgeräusch. Das

Knirschen von Reifen mischt sich dazu, Sekunden bevor ein grauer Pick-up auftaucht und auf dem Pier anhält. Der Motor erstirbt. Felchlin scheint es, als sei er dem Auto schon einmal auf ihrer Straße begegnet.

Zunächst passiert nichts, niemand steigt aus. Durch die Frontscheibe erkennt Felchlin schemenhaft zwei Personen. Nach den Gesten zu schließen, diskutieren sie miteinander, zu hören ist nichts. Lukas widmet sich wieder seiner Angel, Felchlin behält das Auto im Blick. Eine Weile später öffnet sich eine Vordertür, der Mitfahrer, ein untersetzter Mann mit Schiebermütze und braunen Arbeitshosen, steigt aus und stellt sich breitbeinig neben das Auto. Er ruft etwas, das Felchlin nicht versteht. Offensichtlich gilt es ihnen.

Felchlin steht auf, balanciert über die abfallenden Felsen an Lukas vorbei auf den Pier. Er grüßt, der Mann mit der Schiebermütze begutachtet ihn mit zusammengekniffenen Augen und deutet ein Nicken an.

»Sorry, ich konnte nicht verstehen, was Sie gerufen haben.« Spätestens jetzt muss es dem Mann dämmern, dass er kein Ire ist.

»You staying long here?«, fragt der Mann nach einer Pause, dazu ruckt er den Kopf in Lukas' Richtung. Komische Frage, denkt Felchlin, wozu will er das wissen? Mit den Augen überfliegt er die Ladefläche des Pick-ups. Soweit er erkennen kann, liegen dort Hüllen aus grauem Gewebe. Sie erinnern ihn an Lukas' Futteral für die Angelrute, scheinen jedoch viel voluminöser und länger. Harpunen für den Walfang? Gibt es hier Wale?

»Not much longer«, antwortet Felchlin und schiebt die Hände in die Hosentaschen. »Dieser Pier ist nicht privat, oder? Stören wir Sie irgendwie?«

Der Mann grunzt etwas und kratzt sich unter der Mütze im grauen Stoppelhaar. Er sieht aus, als wünschte er Felchlin und Lukas ins Land, wo der Pfeffer wächst. Der Mann hinter dem Steuer mit Glatzkopf über der Sonnenbrille sitzt bewegungslos da. Das Schweigen dauert, die Stimmung wird angespannt.

»Mein Sohn hat bestimmt bald genug vom Fischen, es beißt eh keiner an«, versucht Felchlin die Situation zu entkrampfen. Der andere presst ein borstiges Lachen aus dem Hals, danach ein halblautes *»Okay then«*.

Er öffnet den Schlag, klettert in den Sitz und schließt die Tür mit einem Ruck.

Felchlin läuft über die Felsen zu Lukas.

»Wie steht es? Hast du genug für heute?«

»Ich probier's lieber mal an einem Morgen. Was sind das für Typen?«

»Keine Ahnung. Irgendwie fühlen sie sich von uns gestört. Vielleicht möchten sie nackt schwimmen gehen und haben Hemmungen.«

Lukas lacht und packt seine Sachen zusammen. Beim Vorbeigehen sieht Felchlin, dass der Glatzköpfige in sein Handy spricht. Felchlin hebt betont lässig die Hand, der Schiebermützenmann deutet einen Gruß an.

Dort, wo der Fußpfad von der Naturstraße abzweigt, bleibt Felchlin stehen.

»Geh schon mal voraus, Lukas. Ich laufe hier oben ein Stück zurück bis über die Bucht. Es nimmt mich wunder, ob die beiden wirklich harmlose Nacktbader sind.«

Lukas schneidet eine Grimasse. »Das glaubst du ja selber nicht. Also gut, bis später.«

Durch Heidekraut und Farnbüschel bahnt sich Felchlin einen Weg entlang der Hügelflanke bis zu einer Stelle, von wo er die Bucht überblickt. Er legt sich zwischen die Büsche und vergewissert sich, dass ihn auch von der Straße her niemand sehen kann.

Die Männer sind inzwischen ausgestiegen. Der Glatzköpfige macht sich an den Tauen der »Sea Wave« zu schaffen, der mit der Schiebermütze hat begonnen, den Pick-up leer zu räumen. Ein paar Hüllen liegen vor dem Boot auf dem Boden, und soeben hebt er eine weitere von der Ladefläche. Drei schleppende Schritte, die Last fällt neben den anderen Hüllen zu Boden. Nach dem Geräusch zu schließen, wiegt sie schwer, Felchlin hört Metall auf Metall prallen. Er wartet, bis die nächste Hülle auf dem Beton landet. Sein letzter Zweifel ist weg. Keine Angelruten, keine Walharpunen. Waffen. Gewehre höchstwahrscheinlich.

Was zum Teufel geht hier ab? Hat es etwas mit dem irischen Widerstand zu tun, mit der IRA? Die sind doch seit Jahren entwaffnet, demilitarisiert, zumindest offiziell. Waffenschmuggel, Waffenschiebereien? Eine Terrorgruppe?

Das Geräusch eines Automotors lenkt ihn ab. Sekunden später gerät ein dunkelblauer Personenwagen in sein Blickfeld, der sich von oben dem Pier nähert und hinter dem Pick-up stoppt. Ein dunkelblauer Ford älteren Datums. Ob der Mann, der zu den beiden anderen läuft, der Lederjackentyp ist, kann Felchlin nicht genau erkennen. Die Männer gestikulieren, die Schiebermütze zeigt zu den Felsen und deutet auf den Hügel, wohin Felchlin und Lukas vor einer Viertelstunde verschwunden sind – zweifellos die Berichterstattung über die Störenfriede. Alle drei schauen den Abhang hoch in seine Richtung, und Felchlin duckt sich tiefer hinter das Farnkraut.

Gemeinsam hieven die Männer die Hüllen auf den Kahn und klettern auf Deck. Sechs Hüllen zählt Felchlin. Der Fordtyp startet den Bootsmotor, setzt rückwärts von der Anlegestelle ab. Die »Sea Wave« verschwindet zwischen den Felsen zum offenen Meer.

Sobald das Boot außer Sicht ist, läuft Felchlin zurück. Für die Kinder wird er bei der Nacktbadergeschichte bleiben, aber nicht für Carla. Vermutlich wird sie wie er kaum Lust haben, etwas zu unternehmen. Der Polizei gäbe es außer Vermutungen kaum Substanzielles zu melden. Außerdem sind sie hier Feriengäste und keine Detektive. Sie werden die Augen offen halten – und vor allem die Ferien auskosten.

Nur die Gedanken an Deirdre stören dabei.

9

Weiße Wolken segeln über den Himmel, eine angenehme Brise bewegt die Alleebäume, es ist ein perfekter Tag für den Schiffsausflug von Baltimore zum Cape Clear Island. Während Felchlin die Badesachen einpackt und Carla ein Picknick zusammenstellt, lärmt Chloë die Treppe herunter und rast aus dem Haus. Sekunden später platzt sie in die Küche, die Augen weit aufgerissen.

»Paps, etwas ist mit den Pferden, eines liegt am Boden, und die anderen stehen daneben –«

»Gehen wir nachschauen, dann wissen wir Bescheid«, schlägt Felchlin vor. Tun sie das nicht jetzt, gibt Chloë den ganzen Tag über keine Ruhe. Felchlin hebt Severin über das verschlossene Tor zur Pferdeweide, die Großen klettern hinterher. Vorsichtig nähern sie sich den Tieren. Sie scheuchen ein paar Krähen auf, die über den Pferden kreisen.

Einer der falben Hengste liegt reglos im Gras. Rings um ihn stehen seine Gefährten und stupsen mit den Nasen gegen den starren Körper. Erst als Felchlin und die Kinder ganz nahe sind, drehen sie die Köpfe, ohne von der Stelle zu weichen.

Felchlin beugt sich über den Hengst. Die Augen des Tieres starren stumpf und blicklos, schwarze Fliegen schwärmen aus den Nasenlöchern und krabbeln um die Augen. Das Pferd ist tot, ohne sichtbare Verletzungen.

»Es ist gestorben, da ist nichts mehr zu machen. Wahrscheinlich war es einfach alt«, versucht Felchlin eine Erklärung.

Severin beginnt zu schluchzen, Chloë steckt haltsuchend den Zeigefinger in den Mund. Tröstend klopft Lukas den Hals des Rappen, der seinen toten Kameraden vergeblich aufmuntert.

Nach einer Weile hebt Felchlin den sabbernden Severin auf seine Schultern, sie gehen zum Haus zurück. Woran das Pferd gestorben sei, ob es krank war und was jetzt mit ihm passiere, wollen die Kinder wissen. Was genau sagte Mrs McCann? Felchlin versucht sich zu erinnern. Es seien alte Tiere, die jemand hierherbringe, aber wer das war, wusste sie nicht. Ist es jetzt an ihnen, den Kadaver bei einer Behörde zu melden?

Doch sie müssen fahren, sonst läuft das Schiff ohne sie aus dem Hafen. Die Kinder klettern auf den Rücksitz des Transit, Carla geht zum Tor, und Felchlin startet den Motor.

»Jesus Maria, was ist denn das?«

Carla hat die Torflügel geöffnet und rettet sich mit einem Sprung nach hinten. Vor dem offenen Tor liegt ein glibberiger, ekelhaft aussehender Haufen, eine glitschige fettgelbe-rot-graue Masse. Spiraliges Gekröse windet sich über hellroten Lungenflügeln, unter dem aufgequollenen, fast schwarzen Dreieck einer Leber ragen zwei abgehackte Vorderläufe und ein Schafskopf mit leeren Augenhöhlen hervor, das Ganze ein grausiger Hügel aus halb verwesten Tierinnereien. Carla schlägt die Hand über Mund und Nase und schaut zu Felchlin, der den Ford gestoppt hat und den Kopf aus dem Fenster streckt. Was zum Teufel soll denn das wieder? Er steigt aus und geht näher.

»Verdammte Scheiße, das geht jetzt wirklich zu weit!«

Einen Moment lang wird ihm übel, saurer Speichel sammelt sich in seinem Mund. Er schaut weg und wieder hin, schluckt den Speichel hinunter und versucht, das Würgen in seinem Hals zu kontrollieren. Carla schaut ihn besorgt an. Der schlimme Anblick scheint sie nicht halb so mitzunehmen wie ihn.

»Bist du okay, Markus? Bestimmt? Waren das unsere Graffitifreunde? Oder die Nacktschwimmer? Jedenfalls ist es zum Kotzen. Ich hole Eimer und Schaufel, wir müssen den Dreck wegräumen, bevor er richtig zu stinken beginnt.«

Während Carla zum Haus zurückrennt, überwindet Felchlin seinen Ekel und fotografiert den Klumpen. Wer weiß, wozu das gut sein kann. Weggeräumt ist das schmierige Geschling dann erstaunlich rasch. Carla schaufelt, er trägt den vollen Eimer eine Strecke die Straße entlang und kippt den Inhalt, ohne hinzuschauen, vom Straßenrand ins Gebüsch. Am Schluss spülen sie mit ein paar Eimern Wasser die letzten Spuren weg. Die aufgeregten Fragen der Kinder beantworten sie so gut und so nebenher, wie es geht. Bloß nichts dramatisieren.

Bevor sie einsteigen, sagt Carla leise: »Schon eigenartig. Unten auf der Wiese ein totes Pferd und oben vor dem Tor ein totes Schaf oder was auch immer. Gleichzeitig. Für meine Großmutter hätte das eine tiefere Bedeutung.«

»Und für dich?«

Sie schüttelt den Kopf und wickelt das Kopftuch neu um die Haare.

»Wir sind hier nicht im Wallis, das weißt du ja. Aber fahren wir, ab zur hellen Insel, die kann ich jetzt brauchen.«

Trotz ihres munteren Tons ist Felchlin nicht sicher, ob Carla dem Geschehen nicht doch eine Bedeutung gibt, an einen Zusammenhang zwischen dem toten Pferd und den Innereien denkt. Auch wenn sich logisch gesehen keiner ausmachen lässt.

Pünktlich verlässt die »Golden Girl Aoife« den Hafen von Baltimore und fährt an kleinen Inseln vorbei ins offene Meer. Vom Oberdeck lässt sich die Küste mit ihren Hügeln und Felsvorsprüngen gut betrachten. Da und dort duckt sich ein Bauernhaus in die Wiesen, die mit Ginster überwachsenen Hänge leuchten gelb in der Sommersonne.

Chloë und Lukas wetteifern, wer zuerst einen Wal entdeckt. In den Gewässern um Cape Clear Island gebe es häufig Delphine und Minkwale zu sehen, hat ihnen der Schiffer verraten. Man erkenne sie an der Schwanzflosse oder am aufsteigenden Blas. Die Kinder sind mit Schauen beschäftigt, Carla sitzt mit geschlossenen Augen auf der Bank und lässt sich von der Sonne wärmen.

Felchlin lehnt gegen die Reling, wo er den Nachwuchs im Blick behalten kann, und blickt auf die vorüberziehende Landschaft. Allzu gern würde er sich der leisen Bewegung der Fähre hingeben und nichts anderes tun als die Schifffahrt genießen. Doch die Sache mit den Schlachtabfällen lässt ihm keine Ruhe. Ein bisschen viel Ungereimtes ist geschehen, und dies fast täglich, seit sie in dem Haus wohnen. Angefangen beim Lederjackentyp im blauen Ford, praktisch in der ersten Minute. Das blockierte Klo wäre ja noch hinzunehmen. Aber einen Tag später die Schmiererei auf dem Tor. Danach Deirdre, die auftauchte, kaum sprach und mitten in der Nacht wieder verschwand. Weshalb? Tom Kavanagh – die seltsame Kälte, mit der er am Telefon weitere Fragen abwimmelte. Die Waffenladung auf dem Pick-up. Das tote Pferd. Und als Höhepunkt ein ekliger Haufen Eingeweide vor der Einfahrt.

Lässt sich ein Muster erkennen? Weist etwas auf einen einzigen Urheber oder auf einen zusammenhängenden Plan hin? In Gedanken skizziert Felchlin eine Mindmap, wie er es bei kriminalistischen Abklärungen tut. Drängen sich Zuordnungen auf? Die Waffenschieber, das Geschmier, der Abfallhaufen, die unfreundlich blickende Lederjacke – sie könnten zusammengehören. Doch der tiefere Grund hinter den Vertreibungsmanövern? Und Deirdre? Das tote Pferd? Die Spukgerüchte? Kavanagh? Passt etwas zu etwas anderem? Sind es mehr als zusammenhanglose Ereignisse?

Handeln sie fahrlässig, wenn sie die Botschaften ignorieren?

Der Fahrtwind hat Felchlins Hände klamm gefroren, er schiebt sie in die Hosentaschen. Je länger er über alles nachdenkt, umso mehr verliert er die Lust, sich weiter damit zu beschäftigen. Er blickt zu Carla, sieht ihr entspanntes Gesicht. Carla macht sich keine Sorgen. Er kennt sie gut genug, um zu wissen, dass sie diese Ruhe nicht spielt. Ihr tiefes Vertrauen ins Leben, in die Dinge und in sich selbst hat Carla seit dem ersten Tag ihrer Zusammenarbeit im Polizeidienst ausgezeichnet. Felchlin erinnert sich an ein Gespräch mit ihr, wenige Tage nach Severins Geburt. Alles in Carlas Leben war damals unsicher. Den Vater des Neugeborenen hatte sie in die Wüste geschickt, weil er sein Kind nicht wollte. Wie sie nach dem Schwangerschaftsurlaub Polizeiarbeit und Kinderbetreuung stemmen könnte, war ungewiss. Ihre Mutter lebte weit weg im Wallis, eine Cousine, die sich ursprünglich als Tagesmutter zur Verfügung gestellt hatte, klinkte sich wieder aus. Carla schilderte ihm diese Situation gelassen und erfüllt von der Zuversicht, dass sich früher oder später eine Lösung ergebe. Was dann auch der Fall war. Eine Nachbarin übernahm Severins Betreuung. Später, als sich die Belastung der Polizeiarbeit nicht mehr mit den Bedürfnissen eines Zweijährigen vertrug, kündigte Carla bei der Kripo und übernahm eine Teilzeitstelle bei der Opferberatungsstelle für Frauen. Ihr Alltag scheint seither gut zu funktionieren.

Als ob sie Felchlins Blick spüren würde, öffnet Carla die Augen und zwinkert ihm mit einem Lächeln zu. Er lächelt zurück. Wenn sie zu allem nicht auch noch so verdammt gut aussähe. Steht zuversichtlich mitten im Leben, meistert die Mutterrolle auf ihre Weise, sie ist schön wie ein Bergsee und will keinen Liebhaber. Oder vielleicht doch? Ach, hör endlich auf, Mann.

Nach dem Ausflug sitzen sie in einer Hafenkneipe und warten auf das Abendessen. Auf der Rückfahrt von der Insel erklärte Felchlin, er habe keine Lust zu kochen, sie würden in Baltimore einkehren. Die ersten Fischerboote laufen aus, Jachtbesitzer mit Schirmmützen und wattierten Jacken ziehen Segel hoch. Chloë hat sich von ihrem Taschengeld ein T-Shirt gekauft, sie streift es über, und alle bewundern das irische Kleeblatt. Severins neuer Plüschwal schwimmt unermüdlich über den Tisch zu Lukas, und auf Lukas' neuer Anglermütze springt ein regenbogenfarbiger Delphin durch blaue Wellen. Carla hat auf der Insel ein paar Fäustlinge aus irischer Schafwolle erstanden, Felchlin einen Flachmann gefüllt mit Tullamore Dew. Mit Mühe kann Carla den Kleinen davon abhalten, einen Plastiksack voller Muscheln, Seesterne und Krabbenschalen auf dem Tisch auszuleeren. Zum Glück stellt die Serviererin jetzt Teller mit Fish and Chips, eine Flasche Ketchup und Zitronenschnitze in die Mitte. Die freundliche Wirtin folgt mit den Colas und dem Bier. Am Tisch wird es ruhig.

»Toll, ihr werdet noch richtige Fischesser«, sagt Carla, als sämtliche Teller leer gegessen sind.

Severin muss aufs Klo, und zum Dessert gibt es Eis für die Kinder und einen nicht sehr italienisch schmeckenden italienischen Espresso für Carla und Felchlin. Satt fahren sie zurück.

Das Dach des Anwesens taucht zwischen den Bäumen auf, dann das Tor. Keine Gedärme liegen am Boden, kein Geschmier verunstaltet die Torflügel. Alles ist sauber und unberührt. Nur der tote Hengst liegt noch an derselben Stelle im Gras. Wegen des Geschreis der Kinder rauscht eine lärmende Wolke aus Krähen auf. Die anderen Pferde sind nicht zu sehen.

Am nächsten Morgen liegt das tote Tier noch immer da und ist unter dem Krähenschwarm kaum auszumachen. Der Wind trägt den süßlichen Geruch von Verwesung bis zum Frühstückstisch.

Felchlin ärgert sich lautstark und sucht die Telefonnummer der Gemeindeverwaltung von Skibbereen. Dreimal wird er weitergereicht, bis sich die zuständige Person meldet, zum vierten Mal erzählt er die Geschichte. Die Beamtin tut, als habe sie noch nie etwas Vergleichbares gehört.

»Wem gehört denn dieses Stück Land?«, unterbricht Felchlin ihren Redestrom. »Wie man mir sagte, nicht den Kavanaghs.«

»Nein, jemand hat es von Sean Keogh gepachtet. Keine Ahnung, wer. Ich werde Sean informieren, dass er den Pächter anruft.«

Felchlin ist unsicher, wie man Schoon Tschoo richtig schreibt, und bittet die Beamtin, den Namen zu buchstabieren. Ihre freundliche Plauderstimme bekommt einen misstrauischen Unterton.

»Weshalb wollen Sie das wissen?«

Felchlin spürt, wie sein Gesicht heiß anläuft. Schon wieder dieser Argwohn. Er ist ja nicht schuld, dass diese verdammten Pferde tot umsinken und sich keiner um sie kümmert.

»Auf der Weide leben drei weitere Pferde. Vielleicht sind auch die eines heiteren Morgens tot. Dann könnte ich Mister Tschoo gleich selber informieren, und sie werden abgeholt, bevor sie vor unseren Augen und Nasen verwesen und die Krähen sie in Stücke reißen. Am besten, Sie geben mir auch seine Telefonnummer.«

Die Frau schweigt ein paar Sekunden.

»*I see. Just a moment.*«

Felchlin läuft mit dem Smartphone am Ohr von einem Fenster zum anderen und wartet. Endlich ist die Beamtin wieder dran. Sie buchstabiert Keoghs Namen und nennt die Telefonnummer. »Für alle Fälle«, fügt sie etwas freundlicher an. Und sie rufe Sean jetzt gleich an und hoffe, die Sache werde rasch erledigt. Felchlin murmelt einen Dank und beendet das Gespräch.

Danach googelt er Sean Keogh. Keogh ist Landwirt und wohnt in einem kleinen Ort namens Creagh. Falls Tschoo nicht rasch handelt, werde ich ihm Beine machen, denkt Felchlin grimmig und schiebt das Phone in die Hosentasche.

Den Vormittag über passiert nichts, außer dass das Geschrei der Krähen immer lauter anschwillt. Und es jetzt penetrant nach Aas stinkt.

Nachmittags fliehen sie ins Städtchen, sehen sich im Heritage Centre die Ausstellung über die Hungerepidemie an, die im 19. Jahrhundert Skibbereen und ganz Irland heimsuchte. Ein Drittel der Bevölkerung des Orts starb damals vor Hunger, als Folge der Kartoffelfäulnis. Die meisten Toten warf man in drei Gruben. Nur ein Schild irgendwo in der Landschaft erinnert an die fast zehntausend verhungerten Kinder, Frauen und Männer, die dort ohne Sarg, ohne Grabstein, ohne Namen verscharrt wurden.

Ein Foto des Schilds hängt in der Ausstellung. Felchlin liest den Kindern den Text vor: »*In memory of the victims of the famine 1845–48, whose coffinless bodies were buried in this plot.*« Die Kinder stehen vor den Bildern ausgemergelter Gestalten und überfüllter Leichenwagen und wollen wissen, weshalb damals niemand den Iren geholfen habe. Und warum so vielen Menschen nur die Auswanderung nach Amerika blieb, falls sie überhaupt überlebten und die lange Reise bezahlen konnten.

»Die Geschichte Irlands ist brutal, irgendwie brutaler als andere Geschichten«, meint Carla nachdenklich, als sie zum Auto zurückgehen.

Felchlin faltet den Museumsführer zusammen und schiebt ihn in die Jackentasche. »Da kam tatsächlich viel Schreckliches zusammen – die jahrhundertelange Ausbeutung durch die Engländer, eine Million Hungertote, die katholische Kirche mit ihrer menschenfeindlichen Moral, ein blutiger Unabhängigkeitskrieg zu Beginn des letzten Jahrhunderts und zum Überfluss die sogenannten Unruhen in Nordirland mit viel zu vielen Toten. Und alles im aufgeklärten Europa.«

»Dagegen ist ein Pferdekadaver vor unserem Haus ein Klacks. Trotzdem bin ich froh, wenn er endlich weg ist.«

Zu Hause rennt Chloë sofort zum Zaun.

»Das Pferd ist weg!«

Tatsächlich, das Aas liegt nicht mehr dort. Auch die Krähen sind verschwunden. Breite Pneus haben das Gras zwischen Waldrand und Sterbeplatz niedergewalzt. Weiter unten äsen die drei verbliebenen Pferde.

»Weißt du was, Severin«, schlägt Chloë vor, »wir zeichnen jetzt die Pferde auf der Wiese. Alle vier, alle noch lebendig!«

Severin zieht den Rotz hoch und fasst Chloës Hand.

10

»Jemand sollte einkaufen gehen«, sagt Carla, »wir haben fast keine Milch mehr, die Äpfel sind alle, und auch das Brot reicht nur noch knapp. Hast du Lust im Gegensatz zu mir?«

Chloë meldet sich zum Mitfahren. Mit einer Einkaufsliste machen sich Felchlin und Chloë auf die Fahrt ins Städtchen. Während sich der Einkaufswagen füllt, wundert sich Felchlin, wie viel eine fünfköpfige Familie in wenigen Tagen vertilgt. In seinem Singlealltag ist das Einkaufen meist eine Angelegenheit von Minuten und wenigen Produkten, Tiefkühlpizza, fertig geschnittener Salat im Beutel, Milch, Brot, ein paar Joghurts, Orangensaft. Zu Mittag isst er in der Kantine auf der Wache, wenn er überhaupt zum Essen kommt. Oder er setzt sich nach der Arbeit mit Andreas Sieber oder einem anderen Kollegen bei Luigi am Stauffacher zu einem Teller Tagliatelle.

Ebenso ungewohnt ist es für ihn, seine Tochter dauernd im Auge zu behalten, damit sie nicht zweifelhafte Dinge wie Marshmallows, Crisps oder Sugarpuffs in den Wagen schmuggelt. Er ist erleichtert, als sie mit der abgehakten Liste endlich bei den Kassen stehen. Drei von sechs Kassen sind geschlossen, die Schlangen der Wartenden lang. Sie stellen sich in die kürzeste Reihe, rücken nur langsam vor. Die fremdländisch aussehende Kassiererin scheint neu hier zu sein und wirkt unbeholfen, ein Aufseher in ihrem Rücken weist sie ein paarmal zurecht. Der junge Mann in der Schlange vor ihnen zappelt von einem Bein aufs andere. Unter seinem Arm klemmen drei Sixpacks mit Bier, das ungewaschene Haar staut sich am Jackenkragen. Er dreht sein pickliges Gesicht nach hinten und schimpft über die Warterei und die Zumutung, von Migrantinnen mit Kopftuch bedient zu werden. Felchlin zuckt mit den Achseln, der Mann schaut wieder nach vorn.

Die alte Frau vor dem Pickelgesicht packt umständlich den Inhalt des Einkaufskorbs aufs Rollband. Als sie bezahlen will, rutscht das Portemonnaie aus ihren Fingern, die Münzen ergießen sich vor die Füße des Zappelmannes. »*Stupid old hag*«, zischt er und hilft widerwillig, das Kleingeld vom Boden zu klauben. Die Kassiererin wird immer nervöser. Inzwischen ist der Aufseher verschwunden. Sie wendet sich dem jungen Mann und seinen Sixpacks zu.

»Hey, Sie verlangen einen falschen Preis, drei Euro zu viel!«, schreit der Picklige und zeigt aufs Display. »Das Bier ist eine Aktion!«

Erschrocken blickt die Kassiererin vom Bier zum Kunden und aufs Display.

»*I am sorry, Sir*, der Scan ergibt diesen Preis.« Sie presst eine Hand gegen die Lippen.

»Drei Euro zu viel! *You are stealing my discount!*« Er beugt sich drohend vor und stützt die Arme aufs Rollband. Fahrig blättert die Kassiererin durch irgendwelche Listen und fährt mit dem Zeigefinger über die Zeilen.

»*Bloody foreigners, stupid migrants*, was kann man von denen auch anderes erwarten«, faucht der Picklige und dreht sich wieder zu Felchlin. »Taugen nichts, sind langsam wie Nacktschnecken und tun nichts als dich betrügen!«

Felchlin spürt, wie kalte Wut in ihm hochsteigt. Am liebsten würde er dem Kerl den Arm auf den Rücken drehen. Chloë drückt sich an seine Seite.

»Paps, was sagt der Mann, warum ist er so böse?«

»Warte, ich erklär's dir später.«

Offenbar hat die Kassiererin gefunden, was sie suchte. Sie hält dem Mann eine Liste unter die Augen.

»*Look, Sir.* Smithwick's ist gerade Aktion, aber Sie wollen

Murphy's Red kaufen, und das ist nicht Aktion. Wollen Sie die Flaschen austauschen?«

»Nichts will ich austauschen, ich will endlich aus diesem verdammten Geschäft kommen, wo ich seit einer halben Stunde an Ihrer verdammten Kasse anstehe!«

Der Picklige schleudert seine Worte so aggressiv gegen die junge Frau, dass sie sich wie unter Hieben zusammenkrümmt. Er wirft eine Zwanzig-Euro-Note auf die Ablage. Während sie mit zitternden Händen das Retourgeld aus der Kasse klaubt, faucht er unentwegt weiter, ein unterdrückter Wortschwall, von dem Felchlin außer *»fucking muslim slut«* nichts versteht. Er schaut sich um. Ist keine Aufsichtsperson in Sicht, die den Typ zurechtweist? Wie vor einigen Tagen bei den Glatzköpfen reagiert niemand von den Umstehenden. Die meisten schauen zu, mit so teilnahmslosen Mienen, als beobachteten sie einen ankommenden und wieder abfahrenden Bus.

Die junge Frau erfasst Felchlins Einkäufe und reicht ihm die Quittung.

»I am sorry about how that man spoke to you«, sagt er, absichtlich laut.

»Thank you, Sir, very kind of you.« Sie flüstert und errötet dabei. Dann wendet sie sich der nächsten Kundin zu.

Chloë hört Felchlin konzentriert zu, während sie mithilft, die Einkäufe in zwei großen Taschen zu verstauen.

»War das wegen ihres Kopftuchs? Bei uns auf dem Pausenplatz tragen zwei Mädchen ein Kopftuch, denen rufen die Buben auch immer schlimme Sachen nach. Aber nur wenn es die Lehrerinnen nicht hören.«

Überall das Gleiche, egal ob Irland oder Schweiz. Felchlin hebt die Taschen in den Einkaufswagen, sie steuern gegen den Ausgang. Chloë packt seinen Arm.

»Paps, dort drüben ist Deirdre!«

Schon läuft seine Tochter los. Tatsächlich, Deirdre steht

neben einem vollgepackten Einkaufswagen und scheint auf jemanden zu warten. Als sie Chloë bemerkt, geht sie ihr einen Schritt entgegen und greift gleichzeitig nach dem Wagen. Chloë stoppt und tänzelt vor ihr auf und ab, Deirdre sieht sich verstohlen um. Ein scheues Lächeln erhellt ihr Gesicht. Sie trägt den gleichen Kapuzenpullover und die abgetragenen Jeans, ihre Haare sind zu zwei straffen Zöpfen geflochten und hängen über die Schultern. Felchlin schiebt seinen Wagen näher.

»Hello, Deirdre, how are you? We are very happy to see you«, sagt er mit einem Lächeln. Ein leises *»Hello«* ist die Antwort, ihr hastiger Blick zur Seite entgeht ihm nicht.

»You come to us and play?«, fragt Chloë und schwingt einen unsichtbaren Badmintonschläger durch die Luft. Deirdre senkt den Blick und schüttelt den Kopf. Sie wirkt gehemmt und verängstigt. Felchlin errät, dass ihre Gegenwart für sie unangenehm ist.

»Hör, Chloë, vielleicht will Deirdre nicht, dass wir hier mit ihr reden. Sag ihr bitte jetzt *goodbye.*«

»Nein, Paps, warum denn schon –«, mault Chloë und bricht ab.

Wortlos hat sich eine dünne Frau von etwa Mitte dreißig zwischen sie und Deirdre geschoben. Ihre kurz geschnittenen Haare sind braun, sie trägt eine gemusterte Windjacke. Harte Augen streifen sie, wenden sich wieder ab.

»Come on, Deirdre«, zischt sie, das C scharf wie ein Messer. Sie packt das Mädchen am Arm und stößt den Wagen mit der freien Hand zum Ausgang. Deirdre folgt ihr, ohne sich noch einmal umzusehen.

»Paps, warum –«, flüstert Chloë mit weinerlicher Stimme.

»Ich weiß auch nicht, was los ist, Chloë. Die Frau wollte einfach nicht, dass wir mit Deirdre sprechen. Komm jetzt.«

Die dünne Frau hat bei einem Landrover gestoppt. Felchlin verstaut die Einkäufe, sie steigen ein. Während er den Landrover im Rückspiegel beobachtet, spürt er ein Kribbeln, das sein Rückgrat hochläuft und auf der Kopfhaut endet. Augenblicklich ist ihm der nächste Schritt klar.

Mit sicherem Abstand fährt er hinter der Frau aus dem Parkplatz und folgt ihr zum Ausgang des Städtchens. Statt wie gewöhnlich beim Kreisel den vierten Ausgang zu nehmen, fährt er hinter dem Fahrzeug und zwei weiteren Autos her.

»Paps, du fährst falsch!«

»Gut, dass du das gemerkt hast. Aber wir machen einen kleinen Umweg. Es interessiert mich, wo Deirdre zu Hause ist. Dich auch?«

Chloë begreift sofort, Felchlin sieht ihr aufgeregtes Gesicht im Rückspiegel.

»Meinst du, die Frau ist Deirdres Mutter? So eine Mami möchte ich nie!«

Sie fahren ein Stück gen Osten, vorbei an allein stehenden Gehöften. Einer der Wagen vor ihnen biegt ab, Felchlin vergrößert den Abstand zum Landrover. Nach zwei Kilometern biegt die Frau nach rechts in eine schmale Straße ein. Felchlin bremst ab, damit sie genügend Vorsprung behält. Am Rand des Sträßchens fällt ihm eine blau grundierte Hinweistafel auf: *»Children of the Blessed Heart, Convent and Institute«*. Ein Wappen ziert den oberen Teil der Tafel, grüne Ranken, die sich um ein in gelben Flammen brennendes rotes Herz winden. Der Landrover ist hinter der nächsten Biegung verschwunden.

Langsam fährt Felchlin hinterher, durch ein kurzes Waldstück und danach durch ein von blühendem Ginster bewachsenes Tälchen. Weiter vorn muss die Küste liegen und westlich von hier, verborgen hinter den Hügeln, ihr Badesee. Die Straße biegt um eine Kuppe und gibt den Blick auf eine Häusergruppe frei. Felchlin bremst, legt den Rückwärtsgang ein und fährt einige Meter zurück in Deckung.

»Bleib einen Moment im Auto sitzen, bis ich dir ein Zeichen gebe.«

Chloë mault, sonst wäre sie nicht Chloë, aber sie hält sich an Felchlins Anweisung. Leise schließt er die Autotür und steigt die Böschung hoch. Sobald er über die Hügelkuppe blickt, legt er sich bäuchlings ins Heidekraut.

Vor ihm fällt das Gelände sanft gegen das Meer hin ab. Ein ausgedehnter Komplex aus größeren und kleineren Gebäuden grenzt an die Kuppe, auf der er liegt, und erstreckt sich in Richtung Küste. Der Landrover hat bei einem zweistöckigen Haus nahe der Kuppe angehalten; Deirdre und die dünne Frau sind dabei, die Einkäufe durch eine schmale Pforte ins Haus zu tragen. Eine Hecke trennt das Haus von der Zufahrtsstraße ab, die zum Häuserkomplex führt. Auf der anderen Seite des Hauses liegt ein Gemüsegarten, daneben ein identisches zweites Haus. Davor parkt ein silberfarbener BMW. Die Gebäude unterhalb der Zwillingshäuser sind wesentlich größer. Ein vierstöckiges gelb getünchtes Haus mit vielen Fenstern könnte das Institut sein, das die Tafel ankündigte, davor breitet sich ein baumbestandener Platz aus. Auf der anderen Seite steht eine stattliche Kirche mit Spitzbogenfenstern und Glockenturm. Weiter weg, in Richtung Meer, erkennt Felchlin Sportanlagen mit Tenniscourts. Eine Gebäudegruppe daneben sieht aus wie eine stillgelegte Gewerbeanlage, ein Kamin, gemauert aus roten Backsteinen, ragt aus ihrer Mitte. Auch Stallungen scheint es dort unten zu geben, Pferde kann Felchlin keine ausmachen. Aber irgendwo muss Deirdre ihre Vertrautheit mit Pferden erworben haben.

Das Areal macht einen etwas ungeordneten, aber nicht heruntergekommenen Eindruck. Dem Zustand und Baustil nach zu schließen, wurde die Anlage Mitte bis Ende des 19. Jahrhunderts gebaut, einige Gebäude sind jüngeren Datums. Teilweise sehen die Häuser frisch renoviert aus. An der Stelle, wo die Zufahrtsstraße auf die obersten Gebäude trifft, steht wie bei der Straßenabzweigung die blau grundierte Hinweistafel.

Irgendwo kräht ein Hahn, sonst ist es ruhig. Deirdre und die dünne Frau sind im Haus verschwunden, kein Mensch ist jetzt zu sehen. Ein Geräusch lässt Felchlin herumfahren. Auf allen vieren kriecht seine Tochter die Kuppe hoch und lässt sich mit vorgeschobenen Lippen neben ihm ins Heidekraut fallen.

»Paps, mir wurde langweilig. Das hat ja so was von gedauert.« Neugierig hebt Chloë den Kopf.

»Hast du Deirdre gesehen? Und was sind das für Häuser?«

»Das ist eine Internatsschule, so sagt jedenfalls die blaue Tafel. Jetzt in den Sommerferien sind die Kinder weg, und alles steht leer.«

»Und Deirdre? Geht sie hier in die Schule? Auch in den Ferien?«

»Vielleicht arbeitet ihre Mutter hier, vielleicht ist sie Köchin oder Gärtnerin oder so etwas. Sie wohnen da unten in dem Haus, wo der Landrover steht.«

Chloë legt das Kinn auf beide Fäuste.

»Ich möchte nie in ein Internat gehen. Dort würde ich vor Heimweh sterben.«

»Nicht einmal in ein Internat für Jockeys, mit Pferdeställen und einem Sprunggarten und Hafer zum Frühstück und Sätteln statt Stühlen?«, neckt Felchlin.

»Mmm – nein. Ich bleibe lieber bei dir und bei Mam.« Chloë schlingt ihren Arm um Felchlins Hals und drückt die Wange an seinen Hals. Die Nase in ihren Locken, atmet er ihren Kinderduft ein. Ein paar Sekunden liegen sie eng aneinandergeschmiegt im Heidekraut. Glück, denkt er, so geht das, dieses überwältigende Glücksgefühl. Es umfängt dich, nimmt dir den Atem. Und geht so rasch vorüber, wie es begonnen hat. Zappelnd hat sich Chloë aus der Umarmung befreit und schaut ihn neugierig an.

»Paps, ist Carla eigentlich deine neue Freundin?«

Felchlin wird verlegen.

»Sie ist eine Art Freundin, ja – aber nicht so wie Katrin.«

»Sie wäre aber viel besser als Katrin. Lustiger und lieber. Ich bin froh, dass Katrin nicht mehr deine Freundin ist.«

Felchlin weiß es. Katrin gab sich redlich Mühe mit den Kindern. Aber wenn sie nach Zürich kam, beanspruchte sie seine Zeit ausschließlich für sich. Seine beruflichen Pflichten und die Kinder wurden für sie zunehmend zu Störfaktoren. Immer wieder stritten sie deswegen. Bis es ein Streit zu viel war.

Bevor sie die Kuppe verlassen, schießt Felchlin ein paar Fotos von der Anlage. Dass Deirdre an einem normalerweise belebten Ort mit Schule und Kirche und Sportanlagen und nicht irgendwo in einem abgelegenen Cottage zu Hause ist, hat auf den ersten Blick etwas Beruhigendes. Doch ihr Verhalten und die Reaktion der Mutter sprechen eine andere Sprache. Etwas stimmt hier nicht.

Sie steigen ins Auto und fahren ein Stück rückwärts, bis Felchlin wenden kann. Bevor er in die Hauptstraße einbiegt, fotografiert er den Schriftzug der »Kinder des gesegneten Herzens«.

Nach dem Abendessen aus Gemüsesuppe und Fotzelschnitten mit Apfelkompott und Zimtzucker entfacht Carla im Wohnzimmerkamin ein Feuer – heute Abend möge sie es gemütlich. Es dauert eine Weile, bis sie die Tücken des Kamins meistert. Schließlich brennen die Flammen satt und ruhig, und die Torfbrocken, die Carla auf das Holz gelegt hat, beginnen zu glimmen. Ein süßlicher Duft streicht durch das Zimmer, alle strecken die Nasen in die Luft und schnuppern.

Die Kinder haben ein Tischfußballset entdeckt und auf dem Salontisch installiert. Severin darf in Lukas' Mannschaft abwechselnd Goalie und Stürmer spielen. Er ist in die Mechanik der Spieler vertieft und bemerkt kaum, dass Chloë nacheinander drei Tore an seinem Torhüter vorbeipfeffert. Felchlin hat im Internet die Website des Instituts gefunden und fasst für Carla das Wichtigste zusammen.

»Children of the Blessed Heart wurde 1867 durch den Orden der Catholic Brethren and Sisters gegründet und ist eine von sieben Institutionen der Gemeinschaft in Irland. Der Orden widmet sich der Erziehung und Bildung benachteiligter Kinder und Jugendlicher. Bis in die achtziger Jahre des 20. Jahrhunderts unterhielten die Brüder und Schwestern auch Pflegeheime, Heime für ledige Mütter und Gewerbebetriebe. Heute leiten sie ausschließlich Schulinternate und kleinere Gemeinschaften. Das Institut hinter den Hügeln ist ein katholisches Internat für Mädchen und Knaben zwischen neun und fünfzehn Jahren, bekannt für akademische Exzellenz und Sportförderung. Die Mission der Schule klingt für mich eher verstiegen. Sie bemühen sich – Zitat – ›um ganzheitliche Entwicklung, akademische Exzellenz, Frieden, Gerechtigkeit und spirituelles Wachstum der Kinder‹, und dies alles mit Gottes Hilfe. Wenn ich an Deirdres Verhalten denke, die wohl dort in die Schule geht, kommen mir leise Zweifel.«

Er scrollt weiter. Bei der Liste der Wohltäter und Unterstützer der Schule fallen ihm zwei Namen auf: Robert T. Kavanagh, *Philosopher*, und Thomas Kavanagh, *Lawyer*, Cork.

»Die beiden kennen das Internat bestimmt sehr gut. Vielleicht ist der junge Kavanagh vor seinem Jurastudium dort zur Schule gegangen.«

Carla wirft ein frisches Torfstück in die Flammen. »So wie ich dich kenne, warst du nicht zum letzten Mal dort.« Es klingt scherzhaft und nachdenklich zugleich.

Felchlin zwinkert Chloë zu, die jubelnd ihren vierten Treffer feiert. Carlas Bemerkung kommentiert er nicht.

11

Eine Meile vor der Abzweigung zum Institut Children of the Blessed Heart biegt Felchlin in einen Feldweg. Rechts liegen Felder, an die linke Wegseite grenzt ein Wald. Sobald er sich auf gleicher Höhe mit dem Internat vermutet, parkt er am Wegrand. Vor einer halben Stunde fuhr er los, nachdem er Chloë begreiflich gemacht hatte, dass sie diesmal nicht mitdurfte.

Mit dem Smartphone definiert er seine genaue Position. Das Schulareal liegt etwa zwei Kilometer weiter in östlicher Richtung. Der weglose Marsch über sanfte Hügel bietet keine Schwierigkeiten, und schon von Weitem sieht er hinter Bäumen den Turm der Institutskirche aufragen. Er läuft entlang der Mauer, welche die Gebäude von der Heide abgrenzt, und erreicht nach wenigen Metern ein Gittertor. Es ist nicht abgeschlossen. Durch die Gitterstäbe sieht er die Kirche, den Kirchplatz unter den Bäumen und jenseits des Platzes das gelbe Schulgebäude. Beugt er sich vor, gerät Deirdres Haus samt Garten und daneben das zweite, identisch aussehende Haus in sein Blickfeld. Hinter ihm in der Wiese summt es, weiter weg wiehert ein Pferd. Ringsum vertraute Sommerklänge – gleichzeitig ist es seltsam still.

Ein hellblauer Lieferwagen nähert sich dem Institutsgebäude und hält an. Drei Arbeiter steigen aus, schleppen Werkzeugkisten und Bretter hinein. Offensichtlich laufen während der Sommerpause Renovierungsarbeiten. Regelmäßiges Klopfen und Hämmern setzt ein, einer der Männer holt etwas aus dem Wagen. Ein Mann in Arbeitskleidern führt ein Pferd über den Kirchplatz. Jetzt, wo sich das Areal etwas belebt hat, sollte er weniger auffallen, hofft Felchlin. Er setzt eine Baseballmütze und die Sonnenbrille auf, das Smartphone stellt er auf stumm.

Er quert den Friedhof, der sich von der Mauer bis zur Kirchenwand erstreckt. Steinplatten führen durch Gras, aus dem ohne sichtbare Ordnung Grabmäler, Grabsteine und ein paar irische Steinkreuze aufragen. Hohe Büsche und Eiben spenden Schatten. Der Plattenweg mündet auf den Platz zwischen der Kirche, dem Institutsgebäude und den Zwillingshäusern. Abgesehen von einem offenen Fenster im oberen Stock wirkt Deirdres Haus verwaist. Im Gemüsegarten zwischen den beiden Häusern arbeitet niemand.

Felchlin öffnet das Kirchenportal. Die Kirche ist dreischiffig; auf dem Dach des Hauptschiffs sitzt ein kleiner Glockenturm mit drei Glocken. Obwohl viel Licht ins Innere der Kirche fällt, fühlt es sich hier unerwartet kühl und feucht an. Der Raum ist leer. Links und rechts des Mittelgangs, der zum Hauptaltar führt, reihen sich hölzerne Kirchenbänke. Bündelsäulen trennen die Seitenschiffe vom Mittelschiff ab. Auch in den Seitenschiffen stehen Kirchenbänke, an der Wand aufgereiht mehrere Beichtstühle. Den Abschluss vorn bilden ein Altar im linken und eine Tür im rechten Seitenschiff.

Das Innere der Kirche ist reich ausgestattet. An den Wänden hängen Gemälde, Schrifttafeln, Banner aus Seide, vergoldete Kreuze mit und ohne gekreuzigten Jesus. Von beiden Seiten des Hauptaltars blicken Statuen auf Felchlin herunter. Er erkennt eine blau gewandete Maria mit dem Jesuskind, bewacht von vielen älteren Männern mit Bärten. Über dem Haupteingang schwebt eine Empore mit Orgel. Auch hier, am Rand Europas, scheint die katholische Kirche nicht eben zu darben.

Eine der Tafeln weckt Felchlins Aufmerksamkeit. *»To the memory of our friend and benefactor Robert Kavanagh, born July 4, 1920, died January 21, 2005«*, liest er. Schon wieder

Kavanagh, der ältere. Der jüngere, Thomas, ist nicht präsent. Felchlin fotografiert die Tafel.

Eine Weile betrachtet er das Altarbild im linken Seitenschiff. Ein halb nackter Hüne mit Wanderstab steht bis zur Hüfte im Wasser, auf seiner Schulter sitzt ein noch nackteres Kind mit Wuschelhaar und lächelt. Felchlin hat keine Ahnung, wen oder was die Szene darstellt, trotzdem gefällt ihm das Bild. Das Kind erinnert ihn an Chloë. Auch sie war als Kleinkind zum Hineinbeißen pummelig.

Unschlüssig betrachtet er die Orgelpfeifen auf der Empore. Was jetzt? Soll er zu den Stallungen bummeln? Oder sich Deirdres Haus näher ansehen? Was genau hat er von der Expedition erwartet? Vom Glockenturm schlägt es elf. Er verlässt die Kirche, schlendert zurück auf den Friedhof. Einige der Grabsteine stehen schief oder sind ein Stück weit im Boden versunken. Eine kleine Grabplatte fällt ihm auf. *»In memory of the church cat SMOKEY, June 1968–January 1985«*, lautet die Inschrift. Sogar Katzen bekommen hier einen Grabstein. In Ermangelung einer offiziellen Ehefrau und legitimer Nachkommen? Das wird Carla und die Kinder amüsieren. Felchlin zieht das Handy aus der Hosentasche, geht in die Hocke und fotografiert das Katzengrab.

Noch bevor er sich aufrichtet, erklingt von den Zwillingshäusern her eine Frauenstimme. Von einem Grabmal verdeckt späht er hinüber. Am Gartentor vor Deirdres Haus steht die Frau aus dem Landrover. Halb wendet sie Felchlin den Rücken zu, und jetzt versteht er. *»Come on, hurry up!«* Wenige Augenblicke später schiebt sich Deirdre an ihr vorbei durchs Törchen, in Jeans und dem blauen Kapuzenshirt. Mit kleinen Schritten läuft das Mädchen über den Kirchplatz und verschwindet aus Felchlins Blickfeld. Die Frau schaut ihm hinterher, bis das Kirchenportal zuschlägt, sie dreht sich um und geht durch die Gartenpforte zum Haus zurück.

Felchlins Gehirn hat auf Alarm geschaltet. Was spielt sich hier ab? Was soll Deirdre in der Kirche, und weshalb muss sie sich beeilen? Die Kirche schien leer zu sein, doch die Sakristei hat er nicht überprüft. Schnell überschlägt er alle Möglichkeiten. Ob die Kirche einen Hintereingang hat, weiß er nicht. Die Kirchenfenster liegen hoch, ohne Leiter lässt sich nichts machen. Das kleinere Fenster gehört wahrscheinlich zur Sakristei. Ob er mit Hilfe des Mauervorsprungs dort hineinsehen kann? Mit den Augen misst er die Distanz zwischen Mauersockel und Fensterrand ab, es könnte reichen. Mit einem Blick vergewissert er sich, dass ihn niemand beobachtet.

Nach wenigen Sprüngen steht er unter dem Fenster, krallt die Finger in winzige Mauervorsprünge und zieht sich hoch. Verdammt. Auch der Zehenstand nützt nichts. Er sieht bloß die gegenüberliegende Wand im Innern der Sakristei und den oberen Teil eines geöffneten Schranks, in dem irgendwelche Gewänder hängen. Hören kann er nichts, das Fenster ist dicht. Er hält seine Stellung, bis die Finger nachgeben, und springt rückwärts ins Gras. Auf der Suche nach einem Hintereingang läuft er in Gegenrichtung um die Kirche. Tatsächlich entdeckt er neben dem Chor eine Pforte. Der Drehknopf bewegt sich nicht, sie ist abgeschlossen.

Außer den Handwerkerautos liegt der Kirchplatz verwaist. Leise öffnet Felchlin das Hauptportal. Die Kirche ist leer, Staubpartikel tanzen im schräg einfallenden Sonnenlicht. Hören kann er nichts. Lautlos bewegt er sich vor die Tür zur Sakristei und aktiviert die Tonaufnahme des Smartphones. Weil ein Schlüsselloch fehlt, legt er Ohr und Handy an den Türspalt. Er hält den Atem an. Raschelt drinnen etwas? Ist das eine Männerstimme? Ein Stuhl rückt. Stille. Auf einmal ist Felchlin sicher, das war Deirdres Stimme, nicht mehr als ein kurzer, hoher Laut.

Felchlin schiebt das aktivierte Smartphone in die Hosentasche und klopft an. Laut und hart hallt es zurück in den Kirchenraum, dann ruft er: »*Is somebody in here?*«, und dreht am Türknopf. Abgeschlossen. Schnell zieht er das Smartphone aus der Tasche und hält es an die Tür. Von drinnen hört er Geräusche, Flüstern, wieder den Stuhl, Rascheln, jetzt deutlich eine Männerstimme.

»*Who is it? Just a second!*«

Felchlin antwortet nicht, die Tonaufnahme läuft. Etwas klappt zu. Jetzt wieder die Stimme, diesmal lauter und ungehalten.

»*Who is it?*«

Felchlin schiebt das Smartphone in die Tasche, wartet. Ein Schlüssel dreht sich, der Türknauf bewegt sich, die Tür wird aufgerissen.

Ein etwa fünfzigjähriger Mann steht in der Türöffnung, das graue Haar gescheitelt und zur Seite gekämmt, ein gut gepolstertes Gesicht, glatt rasiert, straffe Schultern, die fleischigen Hände an den Oberschenkeln. Am weißen Kragenband unter dem schwarzen Hemd erkennt Felchlin den Priester. Zum Hemd trägt der Mann schwarze Hosen. Wie er Felchlin sieht, klappt sein Mund auf wie zu einer Frage, die er rasch wieder hinunterschluckt.

Mit einem Blick hat Felchlin den Raum hinter dem Mann überprüft. Hohe Schränke, ein Tisch, ein paar Stühle, ein Kleiderständer. Keine Deirdre.

»*Who are you? And what can I do for you?*« Der Priester hat sich gefasst, seine Stimme ist belegt, aber nicht abweisend.

»*I am a tourist and interested in the church.* Ich hörte hier drinnen Stimmen und dachte, ich dürfe sicher anklopfen.«

»*Voices?*« Einen Moment lang verliert der Mann die Fassung. Seine Finger zucken hoch zum Gürtel, halten inne. Mit einer Handbewegung weist er in die Sakristei.

»Stimmen? Können Sie außer mir jemanden sehen? Für Selbstgespräche bin ich glücklicherweise noch nicht alt genug, haha!« Sein Lachen klingt gezwungen. Er tut einen Schritt über die Schwelle und zieht die Tür hinter sich zu.

»*Sorry it took so long. I was trying on a new cassock.* Nun, was kann ich für Sie tun?«

Verdammter Lügner, einen Scheiß hast du eine neue Soutane anprobiert! Mit Mühe unterdrückt Felchlin seine aufsteigende Wut und zeigt auf das Altarbild im Seitenschiff. Er finde die Darstellung interessant. Ob ihm der Priester erklären könne, um was für eine Szene es sich dabei handle.

Zehn Minuten später läuft Felchlin die Straße hoch und an Deirdres Haus vorbei, die Kappe tief ins Gesicht gezogen und im Bewusstsein, dass ihm der Priester nachschaut, bis er verschwunden ist. Deirdres Mutter ist nicht zu sehen. Den Pfaffen hat er im Glauben gelassen, sein Auto habe er irgendwo am Sträßchen zwischen Institut und Hauptstraße geparkt.

Kaum ist er an dem kleinen Buckel vorbei, auf dem er gestern mit Chloë lag, schwenkt er nach links ins Gelände ab. Hinter Bäumen und Gebüsch hält er sich in Deckung, bis er die schützende Außenmauer erreicht. Tief atmend bleibt er beim Tor zum Friedhof stehen.

Eigentlich ist es unglaublich. Jedes verdammte Klischee wird Wirklichkeit. Kaum ist man in einem erzkatholischen Land, stolpert man über einen Priester, der sich mit kleinen Mädchen in der Sakristei einschließt. Mit der Mutter als Zudienerin. Wie in einem schlechten Roman. Bestimmt hat der Mistkerl Deirdre in den Schrank gezwungen, um sie zu verstecken. Auf einmal macht vieles für Felchlin Sinn – Deirdres Flucht zu ihnen, ihre Schweigsamkeit und Scheu, ihre Furcht vor Schlägen, ihr Verschwinden, später ihr Verhalten vor dem Einkaufszentrum. Alles passt zusammen.

Eine Tür schlägt zu, und genau wie er erwartet hat, taucht Deirdre neben dem Kirchenchor auf und verschwindet um die Ecke. Der Pfaffe hat sie durch die hintere Pforte entlassen und nach Hause geschickt. Wenige Sekunden später erscheint sie auf dem Kirchplatz. Felchlin gelingt es, ein Foto von ihr zu schießen, bevor sie durch ihre Gartenpforte schlüpft. Und ebenso voraussehbar erscheint fünf Minuten später der Priester auf dem Kirchplatz. Erhobenen Hauptes, als müsste er allfälligen Zuschauern seine Würde beweisen, schreitet er zum benachbarten Haus. Auch ihn hält Felchlin mit dem Smartphone fest.

Er wartet noch ein paar Minuten, dann läuft er außerhalb der Mauer bis zu den Stallungen und schwenkt in die Heide ab. Hätte er etwas anders, vor allem besser machen können? Den Priester konfrontieren, gegen seinen Widerstand in die Sakristei eindringen und Deirdre aus dem Schrank holen? Zu riskant. Ohne einwandfreien Beweis hätte der Kerl seinen Heiligenschein übergestülpt und gelogen wie gedruckt, dazu Deirdre unter massiven Druck gesetzt. Die Tonaufnahme lässt kaum Schlüsse zu, die ein Gericht überzeugen würden. Wie weiter? Wie wirksam ist es, wenn er als ausländischer Tourist zur Polizei geht und eine Anzeige macht? Ohne Tatbeweis müsste Deirdre als Opfer und Zeugin zu einer klaren Aussage fähig sein – wäre sie das? Nach ihrem Trauma? Unter diesem Druck? Und dann stünde immer noch Aussage gegen Aussage. Und was kann ein Kind schon gegen einen Priester ausrichten?

Felchlin hält inne und lässt den Blick über die Heidelandschaft wandern. Diese Idylle – und mittendrin ein Dreckknäuel aus Missbrauch und Heuchelei. Soll er sich wirklich davon die Ferien verderben lassen? Felchlin weiß, wie überflüssig die Frage ist. Schon Deirdres Gesicht, das er seit Tagen nicht aus den Gedanken bringt! Sich vorzustellen, Chloë würde so etwas passieren – fast wird ihm übel. Er muss etwas unternehmen. Der Polizei seine Beobachtung mitteilen. Dass er auch Polizist ist, sollte seine Glaubwürdigkeit festigen.

Wenige Schritte vom Auto entfernt fällt ihm das Altarbild im Seitenschiff wieder ein. Es zeige den heiligen Christophorus, Schutzpatron der Reisenden, Pilger und Brückenbauer, erklärte ihm der Pfaffe, und das Kind sei Jesus. Mit dem Jesuskind trage der Heilige die ganze Last der Welt auf seinen Schultern. Schutzpatron – wird er selbst zu Deirdres Schutzpatron? Auf die Last der Welt hingegen kann er verzichten. Die ist ihm ein paar Nummern zu groß.

12

Kurz vor ein Uhr ist Felchlin zurück. Carla lässt ihr Buch sinken und schaut ihn erwartungsvoll an.

»Und? Hast du etwas entdeckt?«

»Mehr, als mir lieb ist.« Mit leiser Stimme fasst er den Vormittag zusammen.

Carla rammt eine Faust auf den Tisch.

»Verdammtes Schwein! Und die Mutter? Sie weiß doch haargenau, was da abgeht. Sie macht mit! Richtig schlimm! Was tust du jetzt?«

»Ich rufe die Polizei an und erzähle die Geschichte.«

»Hoffentlich reagieren sie. Immerhin wirkst du als Kollege glaubwürdiger als irgendein beliebiger Zeuge. Aber wir sollten etwas essen, die Kinder jammern schon lange, sie sind hungrig. Mir ist ehrlich gesagt der Appetit vergangen.«

Nach dem Mittagessen sucht Felchlin die Nummer des Polizeipostens in Skibbereen.

Eine freundliche Frauenstimme fragt nach seinem Anliegen. Sie wünscht Näheres zu wissen, was er denn hinter seinen Beobachtungen vermute.

»Kindesmissbrauch. Durch den Priester.«

Eine Weile bleibt es still. Felchlin wiederholt, als Polizist habe er genügend Erfahrung, um die Situation nicht völlig falsch einzuschätzen. Sie habe alles notiert, sagt die Beamtin schließlich. Leider sei ein Teil des Teams auswärts zu einem Kurs und der zuständige Beamte erst morgen auf der Wache. Ob Felchlin morgen um zehn Uhr vorsprechen wolle. Sie werde Inspector O'Driscoll informieren. Felchlin dankt ihr und beendet das Gespräch.

Unschlüssig bleibt er stehen. Das Erlebte brennt in ihm, am

liebsten wäre er sofort auf die Wache gefahren. Die Warterei macht ihn kribbelig und schlecht gelaunt.

Niemand hat Lust, schwimmen zu gehen, obwohl es nicht wirklich kühl ist. Die Kinder haben ein irisches Monopoly-Spiel entdeckt und Carla als Mitspielerin gewonnen. Felchlin hasst Monopoly. Er überlegt, mit welcher Ausrede er sich am besten drücken könnte, und erinnert sich an das Saxofon. Seit Tagen steht es unbenutzt herum, und eine Stunde ungestörtes Üben auf der Heide wird ihn ablenken. Er hängt sich den Instrumentenkasten über die Schulter und meldet sich beim Spieltisch ab. Statt mit Liegenschaften zu spekulieren, werde er den Eseln etwas vorspielen.

»Preisfrage: Wer klingt schöner: die Esel oder Paps?«, fragt Lukas.

Chloës Antwort folgt blitzschnell: »Klar, die Esel!« Sie schneidet ihrem Vater eine Grimasse.

Felchlin läuft die Allee hinunter und wechselt auf einen Pfad durch Farnkraut und Brombeergestrüpp den Hügel hinauf. Die Spur windet sich bis auf eine Hügelkuppe, von wo sich der Blick aufs Meer weitet. Von hier ist das Anwesen nicht mehr zu sehen.

Zuerst kaum hörbar und dann immer deutlicher begleitet ihn das dumpfe Saugen und Rollen und Schlagen der Nordsee, die sich am nahen Steilufer bricht. Ein lauer Wind weht Felchlin entgegen, erfüllt vom Geruch des Meeres und dem herben Duft des Farnkrauts. Er setzt sich auf einen Grashügel und packt das Saxofon aus. Seine Ungeduld und schlechte Laune sind verflogen. Vor sich die zart gezeichnete Horizontlinie zwischen Himmel und Wasser, hinter sich das Hügelland der südirischen Küste – Felchlin kann sich keinen schöneren Platz zum Üben vorstellen. Das Beste dabei ist, dass ihm niemand zuhört. Keine spöttischen Kommentare der Tochter, keine Korrekturen des Lehrers, nur seine eigene kritische Wahrnehmung. Die ist schon genug Herausforderung.

Er legt das Mundstück an die Lippen und bläst den ersten Ton, fingert sich durch eine simple Tonleiter. Uff. Schlimm. Wie lange hat er nicht mehr richtig geübt? Der Ton quietscht und keucht neben den Atemgeräuschen, sein Ansatz ist miserabel. Und wo ist die Bauchstütze geblieben? Vielleicht steht er besser auf, dann spielt die Bauchmuskulatur freier mit. Mit geschlossenen Augen atmet er ein paarmal tief in den Bauch, spannt die Muskulatur und zieht den Nabel hoch. Dann bläst er eine G-Dur-Tonleiter, langsam und konzentriert. Das war knapp besser. Bei den tiefen Tönen die Lippen locker halten, erst gegen die höheren Töne kontinuierlich anspannen. In der Tiefe klingt das Horn satt und körnig, genau wie er es liebt. Am Instrument jedenfalls liegt es nicht, das ist in Ordnung. Doch sobald er über die Mittellage hinauskommt, quetscht er den Ton zusammen wie eine Presse die Weintrauben.

Was hat ihm der Lehrer geraten? Oktavübungen zum Aufwärmen, eine Tonleiter lang, hinauf und wieder hinunter. Also C-Dur, einmal, ein zweites Mal, hinauf und wieder zurück. Tatsächlich, der Ton wird geschmeidiger, sogar in den hohen Lagen. Und das, obwohl er im Freien spielt, ohne unterstützenden Hall. Wie meinte Bruno? Im Badezimmer glaubt jeder, einen schönen Ton zu haben. Wie wahr.

Felchlin atmet tief durch, lässt die Augen über das Hellgrau des Meeres wandern und bewegt die Finger über die Klappen. »Summertime«, das passt zur Jahreszeit. Mit geschlossenen Augen intoniert er den Ohrwurm, versucht zu improvisieren, wie Bruno es ihm gezeigt hat, hängt ein paar chromatische Läufe in die Melodielinie und schließt mit einem verminderten Septakkord ab. Gar nicht schlecht. Wie er die Augen wieder öffnet, stehen in vielleicht zwanzig Meter Entfernung die Esel und schauen ihn an, zwei nahe beieinander, der dritte hält etwas Abstand.

»Hello, donkeys!«

Die Tiere verharren bewegungslos, nur die hochgestellten Ohren drehen sich nach vorn und wieder zur Seite. Er behält sie im Auge und versucht, »Yesterday« zu blasen, wechselt nach den ersten Tönen zu einer einfacheren Tonart. So ist es besser. Nach einer halbwegs geglückten Improvisation legt er das Instrument hin und schießt mit dem Smartphone eine Serie Fotos von den Eseln. Ohne einen einzigen Laut trollen sich die Tiere und verschwinden landeinwärts.

Statt den direkten Rückweg zu nehmen, beschließt Felchlin, südwärts bis zum Steilufer und dann an der Klippe entlang zurückzulaufen. Er verpackt das Saxofon und sucht einen Pfad. Er übersteigt eine Rippe aus weißem Kalkstein und hält sich an vage Spuren, die wohl die Esel getreten haben. Jedenfalls liegen hie und da rossknödelähnliche Haufen zwischen den Pflanzen. Ein paarmal bleiben seine Hosen an einer Brombeerranke hängen. Das Rauschen des Meeres wird lauter, weit von der Klippe kann er nicht mehr entfernt sein.

Völlig unerwartet tritt sein linker Fuß ins Leere, Felchlin verliert das Gleichgewicht. Reflexartig wirft er sich mit gestreckten Armen nach vorn. Sein Oberkörper prallt auf den Boden, die Hände krallen sich im Farnkraut fest, das abgespreizte rechte Bein sucht irgendwo Halt. Mit beiden Armen zieht er sich gegen vorne auf sicheren Grund, presst das rechte Knie auf die Erde. Er zerrt das linke Bein aus dem Loch und steht auf. Dem Saxofon ist zum Glück nichts passiert, doch sein linkes Knie und der Unterschenkel schmerzen. Felchlin krempelt das Hosenbein hoch. Das Schienbein ist blutig aufgeschlagen. Auch die Hände sind zerkratzt und die Jeans voller Grasflecken und Erde. Sonst scheint alles in Ordnung zu sein.

Was zum Teufel ist ihm hier beinahe zum Verhängnis geworden? Er legt den Instrumentenkoffer ins Gras, kniet auf den Boden und zerrt mit den Händen das Farnkraut auseinander, bis die Stelle ganz frei liegt. Zwischen zwei Felsbändern gähnt jetzt eine vielleicht zwei Fuß breite und drei Fuß lange Spalte. Mit dem Smartphone leuchtet er die Öffnung aus. Das Loch führt in schwarze Tiefe. Einen nach dem anderen wirft er ein paar Steine in die Öffnung und hört immer das Gleiche: zwei, drei Aufschläge, eine Sekunde Stille, ein letzter leiser Aufschlag, dann nichts mehr. Eine Höhle im Karst, geschätzte zwanzig bis dreißig Meter tief, in die er beinahe gefallen wäre. Nicht auszudenken, was, wenn. Niemand hätte eine Ahnung, wo suchen, wenn er verletzt oder tot irgendwo im Finstern läge.

Er streckt sich auf den Boden, befeuchtet den Zeigefinger mit Speichel und streckt den Arm so weit ins Loch wie möglich. Ein kalter Luftzug weht über den nassen Finger. Irgendwo dort unten muss es mindestens ein weiteres Loch geben. Wahrscheinlich liegt hier ein Höhlensystem, vom Wasser in die Felsen gefressen, wie im Karstgebiet des Hölllochs oder der Beatushöhlen, mit verzweigten Gängen, Spalten, Kaminen zur Oberfläche und irgendwo einem Ausgang. Ist der Fluss mit den wechselnden Strömungsrichtungen ebenfalls Teil des Systems? Und die Esel – meldet ihr Instinkt immer zuverlässig, wohin sie treten können, ohne abzustürzen?

Ein dumpfer Klang, hohl und hallig wie ein Echo, lässt Felchlin innehalten. Er schiebt die Schulter tiefer in den Spalt und lauscht mit angehaltenem Atem. Wieder hört er einen Hall, wie Zurufe in einem Tunnel oder einer engen Röhre. Stimmen – in der Höhle unter ihm halten sich Menschen auf! Haben sie die Steinwürfe aufgeschreckt? Nach der Stimmlage müssen es Männer sein. Noch einmal horcht Felchlin, bis er sicher ist, dass er sich nicht täuscht: Im Hügel unter ihm befindet sich eine Höhle, die von außen zugänglich ist und von Menschen begangen wird.

Er steht auf, hängt sich das Saxofon um. Vorsichtig und jeden Schritt überprüfend läuft er bis zur Klippe, wo das Terrain zu seinen Füßen steil abfällt. Der Abhang stürzt nicht, wie er erwartet hat, senkrecht ins Meer, sondern fällt abgestuft und durchsetzt von Felsbändern und steilen Grashalden in die Tiefe. Irgendwo dort unten, wo sein Blick nicht hinreicht, am Rand einer sichelförmigen und von Felsformationen umgebenen Bucht, könnte der Höhlenzugang liegen. Bequem zu Fuß ist die Höhle kaum zu erreichen, und ein Boot kann er nicht sehen. Entweder wurden die Männer von jemandem beim Eingang abgesetzt, oder das Boot liegt, für ihn unsichtbar, in der Bucht.

Felchlin setzt sich auf einen Stein. Abgesehen vom unablässigen Aus- und Einatmen der Wellen, die unter ihm ans Ufer schlagen, ist es still. Er ist sich bewusst, dass er die Bedeutung seiner Entdeckung nicht abschätzen kann. Die Männer vom Pick-up am Pier, ihre Ladung, der Lederjackenmann, die »Sea Wave«, die gut geschützte Höhle – eigentlich passt alles zusammen. Aber vielleicht auch nicht. Und wenn es passt, was tun die Männer in der Höhle? Zumindest scheint die Entdeckung bedeutsam genug, dass er die Männer bei der Polizei erwähnen sollte. Auch die Störmanöver vor ihrem Haus.

Eine Viertelstunde später hat sich nichts verändert, außer der Sonne, die jetzt weiter im Westen steht, und den Möwen, die aufgetaucht sind und vor dem milchigen Himmel über Felchlin kreisen. Kein Boot ist angekommen, keines hat abgelegt. Felchlin hängt den Instrumentenkoffer auf den Rücken und macht sich auf den Rückweg. Er läuft am Klippenrand entlang bis zu einer Stelle, von der er die Bucht mit dem Pier überblickt. Die »Sea Wave« ist nicht zu sehen.

Nachdenklich sucht er einen Weg über die Heide zurück zum Haus. Den Beinaheabsturz verschweigt er, um die Kinder nicht zu beunruhigen. Dafür zeigt er ihnen die Fotos von den Eseln.

13

Eileen ist erwacht, sie starrt ins Dunkel des Schlafsaals. Wie spät ist es? Schon nach fünf? Eine Uhr besitzt sie nicht, draußen auf dem Korridor ist alles still. Vorläufig. Sie wickelt sich fester in die dünne Decke und dreht sich auf den Rücken. Sie wird versuchen, nicht mehr einzuschlafen. Damit sie wach ist, wenn die Schwestern um halb sechs hereinpoltern. Es ist schlimm, wenn das Licht ohne Vorwarnung angeht, die Schwestern ihnen die Bettdecken wegreißen und mit scharfen Stimmen *»Up, up, girls!«* rufen. So bekommt der Tag schon frühmorgens einen Riss.

Im Bett neben ihr stöhnt Hannah, obwohl sie schläft. Ob ihre Narbe schmerzt, wie so oft? Die Naht ist entzündet und will einfach nicht heilen. Zum Glück war Eileens Einriss nur klein und ist inzwischen verheilt. Vielleicht, weil Dennis klein und schmal war und richtig zur Welt kam. Nicht wie Rose Marys kleines Mädchen, das verkehrt herum lag. Rose Marys Entbindung muss schlimm gewesen sein, so schlimm, dass Rose Mary überzeugt war, sie müsse sterben. Auch sie klagt über große Schmerzen dort unten, beim Pinkeln und Kacken, beim Sitzen, beim Gehen. Eigentlich ständig. Aber das sagt sie nur flüsternd und wenn sie sicher ist, dass keine Schwester sie dabei erwischt. Sonst heißt es einmal mehr, sie solle nicht jammern, das sei Gottes gerechte Strafe für ihre Sünden.

Eileen unterdrückt einen Seufzer und schiebt die Hand unter den Kopf. Wie jedes Mal erschrickt sie, weil sie anstelle ihres Haars die Stoppeln spürt – scharf rasierte Stoppeln statt den langen dunklen Flechten, auf die sie so stolz war. Wie den anderen Mädchen schnitt man ihr Haar schon am ersten Tag ganz kurz. Das sei wegen der Läuse, und sie solle aufhören zu flennen, sagte die Schwester grob und schor ihren Nacken kahl. Zum Glück hängt nirgendwo ein Spiegel – vor Scham über ihr Aussehen würde sie vergehen. Es genügt, die anderen Mädchen anzuschauen. Jeder Besucher würde sich sogleich wieder verabschieden, so schrecklich sehen alle aus. Wie traurige gerupfte Vögel.

Aber Besuch bekommt hier sowieso fast keine.

Auch sie hat noch nie Besuch bekommen. Mummy und Dad und die Geschwister schämen sich ihretwegen. Wegen der Schande. Weil die Leute tuscheln, sich von ihnen abwenden. Nicht einmal Dennis wollen sie anschauen kommen – dabei sieht er Dad ein bisschen ähnlich, findet Eileen. Und Eamon, mit dem sie auf dem Dorffest tanzte und der danach mit ihr hinter Geoffs Scheune Liebe machte, hat sie sicher längst vergessen. Das geschehe ihnen recht, sagen die Schwestern, es sei Gottes Strafe für Verführerinnen.

Sie dreht sich auf die Seite und versucht, nicht wieder einzunicken. Kurz darauf hört sie die energischen Schritte im Korridor. Zum Glück ist sie wach. Sie sitzt schon am Bettrand, wie das Licht angeht und die scharfe Stimme *»Up, up!«* ruft. Eileen rüttelt sanft an Hannahs Schulter. *»Hannah, wake up!«* Hannah öffnet die Augen und blinzelt sie dankbar an.

Eileen schlüpft in die Uniform aus blauer Baumwolle, die sie seit ihrem Eintritt trägt, weit und bauschig geschnitten, damit sich die Bäuche nicht abzeichnen. Ihre Schande müsse verhüllt werden, sagten die Schwestern, vor aller Augen und auch vor Gott. Inzwischen ist Eileens Bauch wieder flacher, nur die Brüste sind groß und schwer wegen der Milch. Die Uniform muss sie noch immer tragen.

Mit den Mädchen, die schon geboren haben, eilt sie zum Kindersaal. Von Weitem hören sie das vielstimmige Krähen und Weinen der Babys. Auch Dennis stößt kleine spitze Schreie aus und drückt die Fäustchen gegen den offenen

Mund. Eileen hebt ihn aus dem Korb und herzt ihn ein paar Sekunden. Sie setzt sich auf eine der Truhen, die an den Wänden stehen, nestelt die Bluse auf und schiebt dem Kleinen die Brustwarze zwischen die Lippen. Hoffentlich saugt er kräftig, bevor sie wieder von den Babys weg in die Morgenmesse gescheucht werden. Jeden Morgen denkt Eileen diesen Satz, und manchmal ist er auch ein Gebet, das sie lautlos spricht. Dennis trinkt schlecht, vielleicht, weil er so klein ist. Oder ist er so klein, weil er schlecht trinkt?

Schon nach wenigen Sekunden schlummert er wieder ein, der Nippel hängt im schlaffen Mund. Es nützt nur wenig, dass Eileen Dennis sanft rüttelt, mit ihm spricht, ihn hochhebt und erneut anlegt. Ein paar saugende Mundbewegungen, ein paar Schlucke, ein kleiner Seufzer, und schon schläft er. Eileen beginnt zu weinen. Eine Schwester läuft vorbei, hält still.

»*What is it, girl?*«

»Dennis will wieder nicht trinken.«

»Irgendetwas machst du falsch, *girl*. Entspann dich, kneif ihn in die Wangen, schieb ihm den Nippel richtig tief in den Mund. Milch hast du ja genug, so wie es aussieht.«

Die Schwester packt den Kopf des Kleinen und stößt sein Gesicht fest gegen Eileens pralle Brust.

»So, siehst du? Zupacken musst du, damit er es lernt, der verwöhnte kleine Bub!«

Viel zu rasch ruft eine Schwester zur Morgenmesse. Dennis hat noch ein bisschen getrunken, aber sicher viel zu wenig. So schnell sie kann, wechselt Eileen seine Windeln, küsst ihn auf die Stirn und legt den schlummernden Kleinen zurück ins Körbchen. Sie gehört zu den Letzten, die durch die Gänge zur Kirche eilen.

Wie ein Automat führt sie das Messeritual durch, kniet sich hin, bekreuzigt sich, murmelt die Gebete, setzt sich wieder, ohne etwas zu hören. Sie denkt an ihr Baby und warum

Dennis nicht besser gedeiht. Sie denkt an die kommenden Stunden. Das Frühstück – ungesüßter Porridge, ein Stück Brot und bitterer Schwarztee, niemand darf dabei sprechen. Dann die stundenlange Krüppelei in der Wäscherei – die härteste Arbeit von allen. Hannah darf in der Küche helfen, wo sie in unbeobachteten Augenblicken ein Stück Brot, eine Scheibe Wurst stibitzen oder gar einen Rest Kuchen verputzen kann. Rose Mary wurde ins Kinderzimmer eingeteilt. Die Mädchen im Kinderzimmer arbeiten zwar am längsten, oft auch Nachtschicht, aber Rose Mary ist immer in der Nähe ihres kleinen Mädchens und kann ihm sogar heimlich die Brust geben, wenn es schreit.

Die Wäscherei hingegen – dunkel und unerträglich heiß. Von den Kohlefeuern unter den Waschkesseln qualmt der Rauch durch das feuchte Kellergewölbe. Stundenlang muss Eileen die Wäsche in den Waschkesseln rühren, fleckige Stücke mit Kernseife durchreiben, schwere Leintücher und Uniformen auswringen. Ihre Hände sind rau und voller Blasen. Einmal beobachtete die Schwester, die Aufsicht hatte, wie Eileen ihre wunden Hände leckte. Die Arbeit hier, sagte die Schwester leise, ihr Gesicht zehn Zentimeter vor Eileens brennenden Augen, symbolisiere die Reinigung ihrer sündenbefleckten Seele. Deshalb sollte sie dankbar dafür sein.

Eileen wechselt vom Knien zum Sitzen und hört neben sich Kathleen unterdrückt schluchzen. Dankbar sein. Das ist so schwer. Haben sie all die Schmerzen, die Einsamkeit, die Sorgen um ihr Kind, die Sehnsucht nach ihrer Familie und nach dem früheren Leben verdient? Ist ihre Sünde wirklich so groß?

Und stimmt es, was die Mütter der älteren Babys flüstern? Dass die Kinder eines Tages weggebracht würden und nie mehr zurückkämen? Verkauft nach Amerika, an reiche, kinderlose Leute?

Unmöglich. Nie. Dann lieber sterben.

Schnell, schnell an etwas anderes denken. An den Abend denken. Wenn sie und die anderen Mädchen eine Stunde im Kinderzimmer sitzen dürfen, bei ihren Kleinen, dazu Kinderkleider flicken, Strampelhöschen stricken. Zwischendurch nimmt sie Dennis hoch, riecht seinen Babyduft, streicht mit den Lippen über seine Wangen, sein feines Haar. Sie wird spüren, wie sich die winzige Faust um ihren Finger schließt. Wenn sie dabei alles andere vergessen kann, ist sie für einen Moment glücklich. Wenigstens für einen kurzen Augenblick.

14

Wegen eines Kaninchens, das vor dem Auto über die Straße hoppelt, bremst Felchlin brüsk ab. In Gedanken saß er bereits vor den irischen Kollegen und überlegte, wie er seine Geschichten am wirksamsten formuliert. Zum ersten Mal seit Beginn seiner Polizeikarriere befindet er sich heute auf der anderen Seite des Tisches. Und das in einem fremden Land und mit fremder Sprache. Die Situation hat durchaus ihren Reiz.

Die Station der Garda liegt in einer Nebenstraße von Skibbereen, mit etwas Glück findet er gleich daneben einen Parkplatz. Ein Schild im Eingang der Polizeiwache weist zum Empfang. Der Schalter ist leer, neben dem Läuteknopf steht *»Please ring«*. Felchlin drückt auf den Knopf und wartet. Ein junger Polizist schiebt das Trennglas hoch.

»Good morning, Sir, what can I do for you?« Die Stimme des Jungen ist freundlich, auch sein sommersprossiges Gesicht. Felchlin nennt seinen Namen und Beruf. Auf zehn Uhr sei er mit Inspector O'Driscoll verabredet.

»Haben Sie einen Ausweis?«

Felchlin zeigt seinen Pass und den Polizeiausweis.

Sie laufen durch einen mit Fotos, Wimpeln und gerahmten Diplomen vollgehängten Korridor und betreten einen weiten Raum mit mehreren Arbeitsplätzen und einem Sitzungstisch in der Ecke. An den Wänden reihen sich metallene Aktenschränke, die freien Stellen füllen Landkarten und eine Flugaufnahme von Irlands Südküste. Ein etwa vierzigjähriger blonder Polizist blättert durch einen Stoß Dokumente, eine junge Polizistin mit Strubbelhaar spricht leise in den Telefonhörer und schaut dabei aufmerksam zu Felchlin. Eine Trennscheibe sondert das Pult des Abteilungschefs von den übrigen

Arbeitsplätzen ab. Der Mann dahinter blickt hoch, mustert Felchlin durch die Brille und konzentriert sich wieder auf seinen Bildschirm.

»Paddy, for you.« Der Garda vom Empfang reicht dem Blondschopf Felchlins Ausweise.

Patrick O'Driscoll ist aufgestanden. Er ist schlank und überragt Felchlin um mindestens zehn Zentimeter. Er schüttelt Felchlins Hand, steuert zum Sitzungstisch und legt die Ausweise vor sich. Sie setzen sich einander gegenüber.

Er sei wegen zwei Beobachtungen hier, beginnt Felchlin. Zu tun hätten sie jedoch kaum etwas miteinander. »Sicher kennen Sie das Institut Children of the Blessed Heart.«

»Nicht von innen, von außen schon. Warum?«

Felchlin versucht sich kurz zu fassen. Doch bis er Deirdres Geschichte, ihr Auftauchen und nächtliches Verschwinden, die unerwartete Begegnung im Supermarkt, ihre schroffe Mutter, seine Beobachtungen bei der Schule und das Verhalten des Priesters in der Sakristei geschildert hat, vergeht eine ganze Weile. Während er schweigend zuhört und sich Notizen macht, verliert das Gesicht des Inspectors etwas von seiner jungenhaften Sanftheit. Lange sagt er nichts.

»Sie sind Polizist, also können Sie Fakten von Phantasiertem unterscheiden. Was Sie in der Kirche mitbekommen haben – ein Kind von Tausenden. Immer wieder dringen neue Geschichten ans Licht. Aber damit wir etwas tun können, brauchen wir handfeste Beweise.«

Wieder denkt O'Driscoll nach. Er dreht sich zu der strubbelhaarigen Polizistin.

»Alice, kommst du bitte mal?«

Alice Killeen setzt sich zu ihnen, Begrüßt Felchlin. Sie hört sich die Kurzfassung von Felchlins Beobachtung an.

»Alice, war da nicht mal etwas mit einer Angestellten des Blessed Heart? Vielleicht vor einem Jahr? Sie rief an, wollte eine Aussage machen, und ich hab sie dir weitergegeben. Erinnerst du dich?«

»Du hast recht, da war etwas. Gesehen habe ich die Frau jedoch nie. Soweit ich mich erinnere, hat sie ihre Aussageabsicht wieder zurückgezogen. Ich schaue mal nach, ob ich dazu etwas finde.«

Alice Killeen setzt sich zurück vor ihren Bildschirm. Eine Weile studiert O'Driscoll seine Notizen. Er kratzt sich hinter dem Ohr und hebt den Kopf.

»In der Sakristei, sagten Sie. Die stehen ja meistens leer. Was denken Sie, ließe sich dort eine Überwachungskamera montieren?«

»Das könnte ich mir vorstellen. Vorausgesetzt, der Priester platzt nicht gerade herein. Für eine Überwachung brauchen Sie wohl eine richterliche Genehmigung?«

»In Notfällen reicht die Zustimmung eines höheren Polizeioffiziers. Konkret: meines Chefs, Superintendent McAleese.« Mit einer Kopfbewegung weist O'Driscoll zu seinem Vorgesetzten hinter der Glasscheibe. »Sie gilt für zweiundsiebzig Stunden, danach muss der Antrag vor einen Richter. Criminal Justice Surveillance Act von 2009. Ich denke, nach Ihrer Beschreibung kriegen wir das mit dem Notfall hin.«

Felchlin ist erleichtert, dass O'Driscoll seine Einschätzung teilt. Alice Killeen setzt sich wieder zu ihnen, in der Hand einen Ausdruck.

»Ich habe etwas. Im Januar letzten Jahres rief die Frau an. Sarah Keale, Köchin und Haushälterin, angestellt im Institut. Sie erschien damals nicht zum festgesetzten Termin. Als wir nachfragten, wollte sie von einer Aussage nichts mehr wissen, es habe sich inzwischen erledigt. Mehr ist nicht passiert. Vielleicht hätten wir dranbleiben müssen.«

Alle schauen sich an, O'Driscoll legt beide Hände flach vor sich.

»Ein Mosaikstein mehr. Könnte passen, würde ich sagen. Kannst du bitte alles zu dieser Mrs Keale herausfinden?« Er wendet sich von Alice zu Felchlin.

»Ich denke, wir haben etwas Handfestes. Ich gehe mal zum Chef rüber.«

Zwei Minuten später kommen die beiden zum Sitzungstisch. Felchlin und Superintendent McAleese begrüßen sich. McAleese mag etwa sechzig sein. Sein schütteres, zur Seite geklebtes Haar fällt Felchlin auf, eine Brille mit dickem Rand und ebensolchen Gläsern, dahinter unstete Augen. Die zugeknöpfte Uniformjacke spannt über dem Bauch. Mit einem Seufzer lässt sich McAleese in den nächstbesten Stuhl fallen und greift nach Felchlins Ausweisen, sieht sie durch. Dabei lässt er sich Zeit. Längst hat er die Dokumente von vorne bis hinten durchgesehen, ohne ein einziges Wort zu sagen. Irritiert schaut Felchlin zu O'Driscoll. Der hebt die Augenbrauen und räuspert sich.

Endlich lässt der Superintendent die Ausweise auf den Tisch fallen.

»Sie und mein junger Kollege glauben also, wir sollten einen Gottesmann ein bisschen näher beobachten? Ihn möglicherweise bei seinem zweifelhaften Handwerk – wörtlich gemeint – überführen?« Im Kontrast zur massigen Gestalt klingt seine Stimme unerwartet weich. »Mit meinem protestantisch-schottischen Hintergrund habe ich Mühe mit dem verborgenen Leben irischer Pfaffen in irgendwelchen dunklen Hinterzimmern. Vor allem, wenn sie sich an Kindern vergreifen. Kaum eine Woche vergeht, dass nicht eine neue Geschichte bekannt wird. Scheint zumindest so. Dazu der Kontaktversuch von Mrs Keale letztes Jahr. Da reicht auch wenig Phantasie, um zu erraten, was sie uns erzählen wollte. *Let's go ahead then.* Paddy, du hast zweiundsiebzig Stunden Zeit. Schaffst du das?«

»*Sure, boss.* Ich frag Ronny, er kennt sich mit dem neusten Equipment aus. Ist es okay, Chef, wenn Mr Felchlin uns den Schleichweg dorthin zeigt, falls er Zeit hat?«

Mit leisem Ächzen stößt McAleese den Stuhl nach hinten und brummt etwas, es klingt wie »*Okay*«.

»Und du klärst vorher genau ab, dass der Pfaffe euch nicht überrascht.« Mit durchgestreckten Armen drückt sich der Superintendent aus dem Sitz.

»Entschuldigung, Sir, aber vielleicht interessiert Sie auch meine zweite Geschichte.«

McAleese fällt in den Stuhl zurück.

»Noch eine Geschichte? Die wäre?«

Felchlin beschreibt das Graffito und die Schlachtabfälle vor ihrem Tor, die Männer im Pick-up, ihre Ladung, die Höhle an der Küste. Und dass er eine Verbindung zwischen allem für möglich hält.

Mit halb geschlossenen Augen und ohne eine Frage zu stellen, hört der Superintendent zu. Felchlin registriert eine leise Veränderung seines Gesichtsausdrucks. Die bisher gönnerhafte Miene verhärtet sich, der volle Mund zieht sich zu einer Spitze zusammen, fast, als ob er ein Liedchen pfeifen wollte. Patrick O'Driscoll protokolliert. Dabei hebt er ein paarmal den Kopf und mustert Felchlin mit hellen Augen.

»Schauen Sie sich das bitte an.« Felchlin zeigt den Gardaí die Fotos der Schafsgedärme und des Schriftzugs. Alice hat sich dazugesellt. Beim Anblick des abgetrennten Schafskopfs schüttelt sie sich.

»*Yuck!* Die Typen wollen Sie wirklich ärgern. Weshalb bloß?«

Felchlin zuckt mit den Achseln und schaut schweigend von O'Driscoll zu McAleese.

»Eine Höhle, sagten Sie?«, nimmt der Superintendent nach einer langen Pause den Faden auf. »Und wo genau soll sie sich befinden?« Auch die Stimme klingt jetzt anders, das vorher Weiche hat sozusagen Stacheln bekommen. Auf die Innereien und das Graffito geht er mit keinem Wort ein. Felchlin beschreibt die Hügel zwischen Haus und Steilküste, McAleese unterbricht ihn.

»Show me on the map.«

Mühsam erhebt er sich, sie gehen zur Landkarte. Felchlin zeigt auf das Anwesen, auf den Pier. Mit dem Finger fährt er den Hügel entlang.

»Hier ungefähr muss das Loch sein, das mich beinahe verschluckt hat. Gleich darauf hörte ich die Stimmen aus der Tiefe.«

»Barboge«, sagt O'Driscoll zögernd, weil McAleese schweigt, »es kann nur Barboge sein, die Höhle liegt genau dort. Hier, sie ist auf der Landkarte markiert.«

Er zeigt auf ein Symbol, ein verkehrtes U, dicht an der Küste. Ein Ruck geht durch den Superintendent. Er funkelt O'Driscoll an.

»Du weißt ebenso gut wie ich, dass die Höhle zugemauert wurde, wegen dieser Kelten-Freaks, dieser selbst ernannten Druiden, die sich dort niederließen und ihre Orgien feierten. Wann war das? Bestimmt vor drei, vier Jahren. Seither herrscht Ruhe. Alles ist vermauert. So gründlich vermauert, dass höchstens Fledermäuse rein- und rausfliegen können.«

Er schaut Felchlin scharf an, die Stimme wieder unter Kontrolle.

»Die Barboge-Höhle ist nicht mehr zugänglich. Die Stimmen, die Sie gehört haben – es muss sich um eine Täuschung handeln.«

Felchlin will etwas entgegnen, McAleese schneidet ihm das Wort ab.

»Doch um Sie zufriedenzustellen: Wir werden der Sache nachgehen. Wir schauen uns das an. Nicht heute und nicht morgen, aber sobald wir das Dringliche erledigt haben.« Mit einer knappen Bewegung zieht er die Uniformjacke straff. »*So. And you are a police officer from Switzerland?* Was genau machen Sie denn dort? Ihre Banker jagen?«

Die Frage sollte scherzhaft klingen, doch verrät der Ton mehr Aggression als Humor. Ein Ablenkungsmanöver, weg von einem ungelegenen Thema. Felchlin sieht keinen Grund, auf den Witz einzugehen, und antwortet nur, seine Arbeit sehe wahrscheinlich derjenigen der irischen Gardaí recht ähnlich.

»*Okay, back to work*«, beendet der Superintendent das Treffen abrupt, nickt Felchlin zu und trottet zurück zu seinem Pult hinter der Trennscheibe.

Nach einem Blick zu seinem Vorgesetzten sagt O'Driscoll: »*I'll show you out.* Und geben Sie mir Ihre Telefonnummer? So erfahren Sie, wann wir die Überwachung installieren.«

Felchlin folgt ihm durch den Korridor, beim Eingang schütteln sie sich die Hand, wechseln zu den Vornamen. Ein feiner Kollege, aufmerksam und offen, bilanziert Felchlin beim Rückweg zum Auto. Mit Patrick ließe sich zusammenarbeiten, im Unterschied zu seinem Vorgesetzten. Etwas ist mit McAleese, aber was? Misstrauen, Argwohn? Oder war es simples Konkurrenzgehabe, weil er Felchlins Dienstgrad nicht einschätzen konnte? Warum ist er mit keinem Wort auf die Fotos mit den Eingeweiden eingegangen? Grundsätzlich hat er sich korrekt verhalten, hörte zu und war rasch bereit, eine Entscheidung zur Überwachung des Priesters zu treffen. Und die Verzögerungstaktik wegen der Höhle? Vielleicht Arbeitsüberlastung? Er selbst kennt diesen inneren Aufschrei zur Genüge: nicht noch einen weiteren Fall auf mein Pult, weg damit, ich dreh jetzt schon fast durch! Doch war das glaubwürdig?

Felchlin widersteht dem Impuls, in die Straße einzubiegen,

die zu den Kindern des gesegneten Herzens führt. Dafür hält er bei der nächsten Tankstelle, kauft ein Päckchen Zigaretten und zündet sich vor dem Heimfahren eine an. Es ist die erste seit Monaten.

15

Bei dem warmen Wetter verbringen sie den Nachmittag am See. Nahe beim Badeplatz und gut versteckt unter Gebüsch entdecken Lukas und Chloë ein halb versunkenes Ruderboot. Felchlin hilft mit, es aus dem Morast ins Wasser zu ziehen. Mit Severins Plastikeimer und einer leeren Saftflasche schaufeln die Kinder den Schiffsrumpf leer und sehen zu ihrer Freude, dass das Boot schwimmt, trotz der morschen und durchgeweichten Planken. Ruder haben sie keine, doch zur Not tun es auch zwei Äste, mit denen sich im seichten Wasser umherstacheln lässt. Am Ende des Nachmittags ziehen sie das Boot auf den Sand.

Chloë schlägt vor, einen passenden Namen zu suchen und den Kahn am nächsten Tag zu taufen. Eine richtige Schiffstaufe müsse es sein, mit einer Flasche, die am Bug zerschellt, und allem, was dazugehört. Doch keiner von Lukas' Vorschlägen, weder »Wasserfloh« noch »Qualle« noch »Oktopus«, klingt gut genug. Die Geschwister geraten darüber in Streit, und erst als Severin »Dierdri« schreit, lenkt Chloë ein. Ja, das Boot soll »Deirdre« heißen. Wortlos schaut Carla Felchlin an. Bestimmt denkt sie das Gleiche wie er.

Während Felchlin im Risotto rührt und die Lachswürfel beigeben will, summt das Smartphone. Das Display zeigt eine irische Nummer, vielleicht ist es O'Driscoll. Er schiebt den Topf vom Kochfeld und drückt auf Empfang. Zu seiner Verwunderung meldet sich Tom Kavanagh. Der Vermieter erkundigt sich nach ihrem Wohlergehen, seine Stimme ist sanft und auffallend höflich. Nach einer kurzen Pause kommt er zur Sache.

»Ich habe wegen des verstopften Klos mit meinem Installateur gesprochen. Leider ist die Angelegenheit äußerst verzwickt. Der einzig für Larry passende Termin ist in drei Tagen, und er rechnet mit zwei bis drei Tagen Arbeit. Danach schließt seine Firma für zwei Wochen wegen Urlaub. Die Arbeit noch weiter hinauszuschieben ist wegen der kommenden Belegung des Hauses unmöglich. *I am really sorry about this.*«

»Für uns ist das kein Problem«, meint Felchlin, »der Mann soll ruhig kommen. Er stört uns nicht, wir sind tagsüber meistens aus dem Haus.«

Kavanaghs Stimme wird noch um eine Stufe höflicher.

»*Very kind of you.* Nur sagt mir Larry, es wird eine größere Sache. Er muss für längere Zeit das Wasser abstellen und mit Sicherheit einige Rohre freilegen. Möglicherweise haben seine Leute bei der Renovierung den Kloanschluss verbockt, wie er mir gestanden hat. *In short*, das Haus wird zum Bauplatz, innen wie außen. Sie können nicht bleiben, so leid mir das tut.«

Einen Moment lang ist Felchlin sprachlos. Was zum Teufel erzählt Kavanagh? Er kann sie nicht einfach auf die Straße setzen, die Ferien sind noch nicht zu Ende!

»Selbstverständlich bemühe ich mich um eine für Sie akzeptable Lösung. Als Jurist halte ich mich an Verträge.« Für die restliche Dauer des Mietvertrags biete er ihnen an, in ein Hotel in der Region umzuziehen. Genauer, ins Old Mill Hotel, schön gelegen und sympathisch geführt. Für die zusätzlichen Kosten komme selbstredend er auf, und sie hätten nach wie vor freien Zugang zum Anwesen und zum See.

Felchlin fährt sich mit der Hand durch die Haare. In Gedanken sieht er die enttäuschten Kindergesichter vor sich. Wie soll er ihnen das beibringen?

»Das sind keine erfreulichen Nachrichten«, stößt er hervor. Irgendetwas muss er ja antworten. »Lassen Sie mich einen Augenblick überlegen. Oder vielleicht bespreche ich alles zuerst mit meiner Partnerin.«

Hat er wirklich »meiner Partnerin« gesagt? Die Erkenntnis beschäftigt ihn so stark, dass er den Anfang von Kavanaghs Antwort verpasst.

»... nächsten Samstag zurück in die Schweiz, *is this correct*? Am kommenden Mittwochmittag würden Sie ins Old Mill übersiedeln, und an den folgenden Tagen sind drei Doppelzimmer für Sie reserviert. Mehr kann ich nicht tun. Wann geben Sie mir Bescheid?«

Kavanaghs sanfte Stimme klingt jetzt fordernd, der Mann scheint ungeduldig zu werden. Felchlin verspricht, im Laufe des Abends zurückzurufen, und beendet das Gespräch. Missmutig kocht er das Abendessen fertig. Bestimmt hat er vor lauter Ärger das Risotto versalzen.

Als sie vom vorzeitigen Auszug hören, machen die Kinder lange und ungläubige Gesichter, genau wie erwartet. Doch nach der ersten Enttäuschung reagieren sie weniger heftig, als Felchlin befürchtet hat. Carla meint versöhnlich, im Hotel müssten sie sich zumindest nicht mehr ums Einkaufen und Kochen und Tischabräumen kümmern.

»Was eigentlich bedauerlich ist, Markus, denn dein Risotto ist erstklassig, viel besser als meines!«

Carlas Lob ist ehrlich gemeint, und nicht zum ersten Mal denkt Felchlin, vielleicht ist er doch ein besserer Koch, als er je glaubte. Lukas hat inzwischen das Old Mill Hotel gegoogelt, Chloë drängt sich neben ihn.

»Paps, sie haben ein Spielzimmer mit Tischfußball und Pingpong und Darts. Und Doppelstockbetten und einen Hund! Und schau, sogar Ponys!« Vor Aufregung hüpft sie von einem Bein aufs andere. Felchlin sieht ein freundliches Steinhaus mitten in der Landschaft, einen kleinen See, bunt bemalte Holztische im Hof, einen Garten mit Liegestühlen, rustikal eingerichtete Zimmer, einen zottigen Hund.

»Drei Doppelzimmer statt nur zwei – ein Fortschritt.«

Carla zwinkert Felchlin zu, und er fragt sich einen Moment, wie er das deuten soll. Nach den acht oder neun Tagen, die sie inzwischen unter demselben Dach verbracht haben – was bedeutet ihre Augensprache? Dass sie kaltblütig mit ihm spielt, passt nicht zu ihr. Carla verwirrt ihn immer von Neuem, und das stört ihn.

»Also sage ich Kavanagh, dass wir einverstanden sind?«

Niemand protestiert. Kaum hat Felchlin Kavanagh zugesagt, summt sein Smartphone, Patrick O'Driscoll ist dran.

»Störe ich? Es geht um die Überwachung der Sakristei. Der District Judge hat das Vorhaben abgesegnet, das Equipment steht bereit. Wie es aussieht, ist der Nachmittag morgen okay. Keine Messe und keine Abdankung angesagt, eine Hochzeit sowieso nicht, der Priester den ganzen Tag auswärts auf Mission. Wir holen dich ab, und du zeigst uns, wie wir unbemerkt zur Kirche kommen. *Two pm okay for you?*«

»Zwei Uhr ist prima. Wie viele seid ihr?«

»Ronny Tyrrell begleitet mich, ein Student der Garda. Er kennt sich mit den Geräten aus.«

»Dann bis morgen. Danke, Patrick.«

Wieder am Tisch bemerkt er Carlas fragende Augen. Unauffällig hebt er den Daumen. Sie haben vereinbart, den Kindern vorläufig nichts von Deirdre zu sagen. Nach dem Essen entzündet Carla ein Torffeuer. Als die Kinder endlich in den Betten liegen, aktiviert sie das Tablet.

»Weil uns von der Opferberatungsstelle Missbrauchsstatistiken interessieren, habe ich ein bisschen recherchiert. Die katholische Kirche in Irland und sexueller Missbrauch, vor allem von Kindern – eine ganz üble Geschichte. 2009 publizierte eine Untersuchungskommission der Regierung einen Bericht darüber. Den Murphy-Report. Willst du dazu etwas hören?«

Felchlin wirft ein paar neue Torfstücke auf die Glut und nickt.

»Die Murphy-Kommission hat dreihundertzwanzig Anklagen gegen sechsundvierzig Priester genauer angeschaut. Bei diesen Priestern sind Übergriffe auf über dreihundertzwanzig Kinder erhärtet. Die sechsundvierzig sind bloß die Spitze des Eisbergs – bekannt waren über hundertfünfzig Kirchenmänner, die seit 1940 systematisch Mädchen und Buben missbraucht und vergewaltigt haben. Wahrscheinlich waren es noch mehr. Gerüchte und auch Anklagen gibt es seit Jahrzehnten. Aber die Bischöfe ließen entweder die Dokumente verschwinden oder erklärten sie kurzerhand für geheim. Oder sie versetzten die verdächtigten Priester einfach in eine andere Gemeinde. Als die Kommission die Bischöfe damit konfrontierte, behaupteten sie, sie hätten nichts gewusst. Dummerweise entdeckten die Untersucher, dass eine Diözese 1987 eine Versicherung abschloss – und weißt du, wofür? Das errätst du nie: um im Falle von Anklagen und Gerichtsverfahren für die Kosten juristischer Verteidiger und für Kompensationszahlungen gedeckt zu sein!«

Felchlin schüttelt nur den Kopf und setzt sich neben Carla aufs Sofa.

»Einer der Priester hat gestanden, mehr als hundert Kinder sexuell missbraucht zu haben, ein anderer, er habe während seiner fünfundzwanzig Jahre im Amt alle zwei Wochen ein Kind geschändet. Das will ich mir lieber nicht vorstellen. Und jetzt hör zu: Auch die irische Polizei kommt schlecht weg. Allzu oft ließen sie Anklagen im Sand versickern oder fingen mit den Untersuchungen erst gar nicht an.«

»Die ewige Kungelei zwischen Behörden und Kirche«, sagt Felchlin nachdenklich. »Der Filz der Mächtigen. Zum Glück scheint die Garda etwas gelernt zu haben. Jedenfalls ging das Okay zur Überwachung des Institutspriesters bemerkenswert glatt durch.«

»Und die Priester – haben sie in den Jahren seit dem Murphy-Report etwas gelernt?«

»Das kannst du glatt vergessen, Carla. Wenn du mich fragst, ist es sowieso völliger Irrsinn, erwachsenen Männern die Sexualität zu verbieten und stattdessen Keuschheit und Enthaltsamkeit vorzuschreiben. Da wirst du bloß krank oder sexuell gestört, vergreifst dich an den Schwächsten, die dir nichts anhaben können, an den Kindern. Das Ganze ist ein widernatürliches System – das musst auch du als Katholikin sehen. Dazu kommt das Machtgefälle. Die Priester gelten als Auserwählte, besitzen Macht und Ansehen in der Gesellschaft und nützen sie brutal aus. Einfach nur widerwärtig!«

Felchlin hat einen roten Kopf bekommen, Carla schweigt und klickt eine neue Seite an.

»Das Verrückte ist, dass in Irland im selben Jahr, 2009, bereits ein anderer Regierungsbericht zu einem verwandten Thema erschien: wie Waisenkinder und Kinder aus armen und prekären Verhältnissen in Institutionen systematisch gequält und sexuell missbraucht wurden. Was ich hier lese, erinnert mich an die Berichte, wie man bei uns mit den Verdingkindern umgegangen ist. Wie in der Schweiz haben Höher- und Bessergestellte die Armen und vom Schicksal Gestraften einfach nur verachtet. Die meisten Einrichtungen in Irland waren jedoch kirchlich geführt, vorwiegend katholisch natürlich. Alles geschah im Namen des Herrn, die Nonnen und Priester waren keinen Deut besser als unsere Bauern. Und in Irland genau wie in der Schweiz haben die Behörden systematisch weggeschaut.«

»Was wälzen wir eigentlich für ein Thema?« Mit dem Feuerhaken stochert Felchlin im glimmenden Torf und legt ein neues Stück auf die Glut.

»Das musst du dir anhören, es sind die mündlichen Zeugnisse solcher Kinder. Da wird es dir schlecht. ›Nachdem ich einmal fortrannte, haben sie mein Haar ganz kurz geschoren, und ich musste nackt dastehen, und die Nonne hat mich vor allen anderen verprügelt.‹ – ›Ich musste den Fußboden polieren, und dabei stellte eine Nonne den Fuß auf meinen Rücken und drückte mich zu Boden. Danach sperrten sie mich in einer dunklen Kammer ein.‹ Oder dieses: ›Als ich den Nonnen erzählte, dass mich der Ambulanzfahrer betatscht hatte, zogen sie mich nackt aus und peitschten mich aus, um mir den Teufel auszutreiben.‹ So geht es weiter, seitenlang. Furchtbar.« Carlas Stimme ist jetzt fast unhörbar.

Felchlin steht auf und holt den Flachmann von der Cape Clear Island.

»Zeit für etwas richtig Starkes. Willst du auch einen Shot?«

Sie heben die Gläser und nicken sich zu. Der Tullamore Dew brennt auf Felchlins Zunge, rollt wie ein Lavastrom aus Aroma und Glut durch die Kehle. Sekunden später steigt die Hitze hoch ins Gehirn, und was sich eben noch quälend breitmachte, weicht einer entspannenden Wärme in Kopf und Gliedern. Carla scheint es ähnlich zu gehen. Sie lehnt den Kopf an seine Schulter und lässt ihn dort liegen.

Behutsam legt er den Arm über ihre Schultern. Lange sagen sie kein Wort und schauen ins glimmende Torffeuer.

»Stört es dich, dass ich trotz Ferien Polizist spiele? Mich mit diesen bedrückenden Dingen abgebe und dich zwischendurch mit den Kindern allein lasse?«

»Es würde mich stören, wenn dich die Sache mit Deirdre kaltließe, nur weil du gerade in den Ferien bist. Die Kinder sind kein Problem, Severin genießt es, so etwas wie ältere Geschwister zu haben. Und deinen Kindern tut Severin auch gut.«

Felchlin spürt den Druck von Carlas Kopf an seiner Achsel und dreht den Kopf, bis er den Duft ihres Haares riechen kann. Sie hebt das Gesicht, ihre Augen treffen sich.

»Vorhin hast du etwas gesagt, Markus. Etwas über das widernatürliche System der Kirche. Du musst nicht glauben, dass ich das ausblende, weil ich katholisch bin. Ich finde alles ganz schlimm und sehe, dass diese Vergehen Teil des Kirchensystems sind. Sie lassen mich zweifeln, und sie machen mich furchtbar wütend. Trotzdem kann ich mein Zugehörigkeitsgefühl nicht einfach abwerfen. Ich bin in dieser Tradition aufgewachsen, sie ist tief in mir, Teil von mir. Sie verbindet mich mit meiner Mutter und Großmutter, gehört zur Heimat. Ich bin wie zweigeteilt. Der Kopf sieht und verurteilt, das Herz bleibt in den Heimatgefühlen gefangen. Ziemlich schizo, hm?«

»Dein Wort, nicht meines! Und ehrlich gesagt ist dein Problem für mich völlig unverständlich. Trotzdem mag ich dich. Sehr sogar.«

Carla lacht leise, es klingt ein bisschen wie das Schnurren einer Katze. Felchlin verbietet sich weiterzusprechen, obwohl ihm vieles auf der Zunge liegt. Er leert den letzten Schluck Whiskey, kostet den Glutstrom durch Mund und Kehle aus. Der Moment ist gut, wie er ist. Oben schlafen seine Kinder, neben ihm sitzt Carla und kuschelt den Kopf an seine Schulter. Was will er mehr?

Natürlich möchte er mehr. Er ist schließlich kein Pfaffe.

16

Ich kann nicht schlafen.

Vielleicht bin ich erwacht, weil der Mond hell ins Zimmer scheint. Oder weil ich Mummy hören kann. Sie schnarcht oft, wie jetzt, und das höre ich durch die Wand.

Der Mond malt ein weißes Viereck auf den Boden.

Ich stehe auf und gehe pinkeln, leise, auf Zehenspitzen. Und ohne zu spülen, damit Mummy nicht erwacht. Dabei gebe ich acht, dass ich nicht ins Mondweiß trete, ich mache mich ganz dünn und trete mit den Füßen nur aufs Dunkle. Es bringt Unglück, auf den Mondschein im Haus zu treten. Das hat Moira auf dem Schulplatz gesagt. Dabei hat sie mich angestarrt und gefragt: *Did you know this?* Weil ich nichts sagte, lief sie hinter mich und hieb mit der Schuhspitze in meine Kniekehle. Ich musste mich zusammennehmen, dass ich nicht einknickte und zu Boden fiel.

Father Moriarty stand in der Nähe, er hatte Aufsicht und hat es bestimmt gesehen. Aber er schaute schnell auf die andere Seite. Weil es Moira war, und weil ich es war.

Inzwischen ist mein Bett ausgekühlt, das habe ich nicht gern. Ich strecke mich aus, unten bei den Füßen ist es noch warm. Dann mache ich rasch die Augen zu, ganz fest drücke ich die Lider zusammen und denke an die Pferde. An Bourbon, den neuen Hengst. Er ist das schönste Pferd, schöner als Tracy und Hemp und Clover und sogar schöner als Dubonnet, den ich am liebsten habe. Kein Pferd hat eine schönere Mähne als Bourbon, lang und glänzend wie Seide flattert sie im Wind, wenn er über die Wiese galoppiert. Steht er still, dann hängt sein Schweif fast bis auf den Boden, und beim Galopp peitschen die Haare durch die Luft und sehen in der Sonne aus wie goldene Bänder.

Kevin hat mir verboten, Bourbon zu streicheln, er muss sich zuerst eingewöhnen, hat Kevin gesagt. Vielleicht tu ich's trotzdem, wenn Bourbon das nächste Mal an den Zaun kommt und Kevin nicht zu mir schaut oder gerade den Stall putzt. Jedes Mal wenn ich zum Stall gehe und die Pferde im Freien sind, traben sie herbei, Clover voraus, Dubonnet als Letzter. Ich streichle sie, am liebsten Dubonnet, ich spreche mit ihnen und reiche ihnen die Brotstücke, die ich beim Frühstück ganz schnell in die Hosentaschen gesteckt habe. Manchmal sieht es Mummy und wird böse. Aber meistens merkt sie es nicht. Ich spüre die weichen Lippen auf meiner Handfläche, wenn die Pferde mit den Zähnen das Brot fassen. Am liebsten hätte ich viele, viele Brotstücke bei mir, einen Riesensack voll. Damit ich ganz lange ihre Lippen spüren kann. Wenn meine Hände leer sind, rede ich weiter mit den Pferden, bis es ihnen langweilig wird und sie davontraben.

Ich möchte so gerne auf ihnen reiten. Das wäre das Allerschönste. Manchmal wünsche ich mir es so stark, dass es hier drinnen wehtut. Kevin hat gesagt, nur wenn deine Mummy dafür bezahlt. Wie die Mummys und Daddys der Kinder, die reiten, hat Kevin gesagt.

Father Brendan hat gesagt, wenn ich zwölf werde, darf ich auch reiten. Aber nur wenn ich niemandem etwas sage, nie.

Ich drehe mich gegen die Wand und kneife die Augen fest zusammen. Ich will nur an die Pferde denken, an Bourbon und an Dubonnet. Oder an die Pferde bei den fremden Kindern. Der Junge sagte: »*They are old*«, er sagte es anders, als wir »*They are old*« sagen, aber er war nett. Ich habe sofort gesehen, dass die Pferde alt waren. Ihre Seiten waren mager und der Rücken stark gebogen, aber sie waren lieb und haben mir zugehört. Als ich ihnen erzählte, dass ich weggelaufen war. Dass ich Hunger hatte. Und Angst. Beim Essen hatte ich weniger Angst. Alle waren nett, und der kleine Junge war lustig. Immer hat er geredet, und ich habe nichts verstanden, und wenn er herumrannte, den Kopf zwischen den Schultern und mit geballten Fäusten, musste ich an ein kleines Tier denken, an ein Kaninchen oder an einen Hasen, der durchs Gras hoppelt.

Mummy schnarcht noch immer. Mit dem Gesicht zur Wand höre ich es noch stärker. Ich möchte es nicht hören. Es klingt so, wie ihr Gesicht aussieht, wenn sie böse mit mir ist. Grob und hart. Wie ihre Hände, wenn sie mir die Zöpfe flicht oder mich schlägt, wenn ich nicht tue, was sie will. Ich will Mummy nicht hören.

Ich drehe mich auf die andere Seite und schließe ganz fest die Augen, weil mich das Mondweiß am Boden blendet. Ich mache mich klein, presse die Beine aneinander und falte die Arme vor der Brust. Vielleicht kann ich so wieder einschlafen. Doch vor meinen Augen ist es noch immer hell, so hell wie das helle Wasser, wie die weiße Welle auf dem Fluss, wo die Banshee wohnt.

Man darf einer Banshee nie in die Augen blicken, hat Moira gesagt, sonst ist man tot, am nächsten oder übernächsten Tag. Ihre Mutter hat das gesagt und ihre Großmutter, und sie wissen, dass eine Banshee im Fluss wohnt. Jedes Mal wenn die Banshee das Wasser umdreht, steigt sie aus der Welle ans Land, hat Moira gesagt. Als ich die Welle sah, hatte ich Angst, Angst wie noch nie. Ich wollte nicht, dass mich die Banshee sieht und mir in die Augen blickt, und ich bin über den Hügel gerannt, bis ich nicht mehr konnte.

Ich drehe mich auf den Bauch und ziehe das Kissen über mein Gesicht, damit ich Mummy nicht höre und das Weiße nicht mehr sehe. Die Arme schiebe ich unter mich, und es fühlt sich an, als ob ich auf zwei harten Ästen liege. Die Augen drücke ich fest zu, ganz fest, bis farbige Ringe und Flecken vor ihnen tanzen.

Damit ich nicht an Mummy und an die Banshee in der weißen Welle und nicht an Father Brendan denke, stelle ich mir Tracy und Hemp und Clover und Dubonnet und Bourbon vor. Ich rufe sie, und sie kommen und drängen sich eng nebeneinander, und ich klettere auf Clover, der ganz außen steht, balanciere von seinem Rücken zum nächsten und nächsten Rücken und wieder zurück, ich setze meine nackten Füße auf ihr Fell, und sie halten still, und ich bin nicht schwerer als eine Feder auf ihren Kruppen. Dann beginnen sie zu laufen, langsam zuerst, sie fallen in einen Trott, immer noch eng nebeneinander, und ich spüre ihre Muskeln unter meinen Fußsohlen und breite die Arme aus, ich bin eine Pferdetänzerin, im blauen kurzen Glitzerkleid und mit dem silbernen Stern in den Haaren, und ich schwebe hoch auf den Pferderücken über die Wiese, niemand kann mich packen, weil mich die Pferde beschützen, und ich reite ans Ende der Wiese, wir springen hoch über die Hecke und galoppieren weiter, immer weiter und weiter, bis ans Ende der Welt –

17

Felchlin schläft schlecht. Der Whiskeyrausch hat ihn in einen schweren Schlaf gestürzt, doch nur wenige Stunden später liegt er wieder wach, dreht sich von einer Seite zur anderen und wundert sich, weshalb. Schlafprobleme kennt er normalerweise keine. Stört ihn der Mond, der das Zimmer fast taghell ausleuchtet?

Nach einer Weile geht er pinkeln, füllt Wasser ins Zahnputzglas und trinkt es leer, legt sich wieder hin. Alles nützt nichts. Schließlich gibt er auf, immer noch hellwach. Er zieht Jeans und Pullover über, schlüpft in die Turnschuhe und schleicht die Treppe hinunter und durch die Küche ins Freie.

Die Nacht ist unerwartet lau. Ein fast voller Mond teilt sich den Himmel mit vorüberziehenden Wolken, sein Licht taucht Wiese und Bäume in silbrigen Glanz. Weiter unten schimmert der Seespiegel wie eine polierte Metallscheibe, und das einzige Geräusch, der Nachtwind in den Blättern, weht von den Alleebäumen her. Die versilberte Landschaft ist pure Magie.

Er zündet sich eine Zigarette an, quert den Rasen zum Zaun der Pferdeweide und lehnt sich dagegen. Langsam raucht er die Zigarette zu Ende. Durch seinen Kopf drehen die Sätze der missbrauchten Kinder, die Carla gestern Abend vorgelesen hat. Zahllose Kinder, inzwischen erwachsen, die der Untersuchungskommission schilderten, was ihnen in kirchlichen Kinderheimen, Waisenhäusern und Erziehungsinstitutionen angetan wurde. Zum Oralsex gezwungen und verprügelt. Mit sechs Jahren zum ersten Mal vergewaltigt. An ein Kreuz gebunden und vergewaltigt. Vom Schulunterricht ausgeschlossen, zu wenig Nahrung, ständiger Hunger. Von einer Nonne mit dem Kopf in schmutziges Wasser gedrückt. Regelmäßig grundlos verprügelt. Nackt in Brennnesseln geworfen. Zur Strafe eine Stunde lang an den Handgelenken aus dem Fenster gehängt. Finger mit kochendem Wasser überschüttet. Vom Schulleiter vergewaltigt. Gezwungen zuzusehen, wie der kleine Bruder verprügelt wurde. Musste Wasser aus Toilette trinken. Frostbeulen bis auf die Knochen. Vor allen anderen Kindern wegen der unverheirateten Mutter erniedrigt. Hoffnungslose Angst vor Prügeln, Strafen, Erniedrigung. Sich zu fühlen wie ein Nichts, ein Niemand, ungeliebt, ohne Identität. Alles im Namen des barmherzigen christlichen Gottes. Unerträglich. Felchlin legt den Kopf auf die Unterarme und starrt auf seine Füße.

Er spürt etwas Weiches an seinem Kopf, in seinem Haar, und hebt das Gesicht. In einem Halbkreis, nur durch den Zaun getrennt, stehen die drei Pferde, ganz nahe. Sie blicken ihn an, ihre Nüstern auf Höhe seiner Augen. Als wüssten sie, dass er soeben an ein kleines Mädchen gedacht hat, das Pferde über alles liebt und dringend Hilfe braucht.

Mit den Fingerspitzen berührt er die Nase des schwarzen Hengstes. Ob Patricks Plan zum Erfolg führt, wissen sie in ein paar Tagen, wenn überhaupt. Das Unterfangen morgen ist gewagt. Trotz Absicherung könnte man sie entdecken, oder sie können die Tür nicht öffnen, die Technik kann versagen, oder es geschieht in den nächsten zweiundsiebzig Stunden nichts, und die Überwachung läuft ins Leere.

Dennoch spürt Felchlin eine grimmige Zuversicht. Zumindest geschieht bald etwas. Und er hat das Ganze ins Rollen gebracht und kann daran teilhaben. Wie zur Bekräftigung schnaubt das eine Pferd leise, ein anderes senkt den Kopf und rupft ein Büschel Gras aus. Langsam wendet sich der schwarze Hengst ab und trottet davon, die anderen folgen.

Felchlin legt die verschränkten Arme auf den Zaun und

schaut den Tieren hinterher. Mit dem Absatz dreht er die Zigarette im Gras aus und steckt den Stummel in die Hosentasche. Leise geht er ins Haus zurück.

Kaum hat er sich im Bett ausgestreckt, knarrt die Tür. Er öffnet die Augen. Auf nackten Füßen steht Carla im Zimmer, sie trägt nichts als ihr ärmelloses Nachthemd. Behutsam schließt sie die Tür hinter sich.

»Ich weiß, dass du noch wach bist. Sag nichts, frag nichts. Genieß einfach den Moment, genau wie ich.«

Sie schlägt Felchlins Decke zurück, streift mit einer raschen Bewegung das Nachthemd über den Kopf und legt sich neben ihn.

Die Morgendämmerung hat eingesetzt, als Carla sein Zimmer verlässt. Felchlin ist viel zu entspannt, um das T-Shirt wieder anzuziehen. Er verschränkt die Hände auf dem nackten Bauch und betrachtet die Alleebäume durchs Fenster. Der Nachtwind hat sich gelegt, bewegungslos stehen die Bäume nebeneinander und heben sich dunkel vom perlmuttfarbenen Himmel ab. Felchlin ist schwer vor Müdigkeit; trotzdem kann er sich nicht erinnern, wann er sich zum letzten Mal so lebendig gefühlt hat. Jahre scheint es her zu sein, dass ihm wenige Stunden so viel schenkten wie in dieser Nacht. Und wieder überfällt ihn das schwindlige Glücksgefühl – wie vor ein paar Tagen neben Chloë im Heidekraut.

Verrückt, was hier geschieht.

Er dreht sich, schon halb weggedämmert, auf die Seite.

18

Beim Warten auf Patrick O'Driscoll ertappt sich Felchlin schon wieder beim Grübeln darüber, was er und Carla denn nun sind. Ein Liebespaar? Freunde, die gelegentlich Sex miteinander haben? Kollegin und Kollege, die gelegentlich Sex miteinander haben? Einfach Kollegin und Kollege wie bisher? Wie würde Carla ihr Verhältnis definieren, wenn er sie zu fragen wagte? Es ist offensichtlich, dass sie sich nicht mit Worten festlegen, dass sie überhaupt nicht darüber sprechen will. Weil sie um seine Schwäche für sie weiß, aber anders empfindet als er?

Beim Wiedersehen am Morgen war sie fröhlich und unbefangen wie immer. Das einzige Anzeichen der gemeinsam verbrachten Nacht war, dass sie Felchlin auf den Mund küsste statt wie sonst auf die Wange – ein kurzer trockener Kuss, aber immerhin. Deshalb getraute er sich, über ihren nackten Arm zu streichen, als sie beim Vorbereiten des Frühstückstisches auf einmal neben ihm stand – eine Geste, die sie nicht erwiderte. Wie hat sie gesagt: »Den Moment genießen!« Genau das sollte er tun, statt herumzurätseln und sich in Zukunftsträumen zu verlieren. Es so stehen lassen. Sich Zeit lassen, Carla Zeit lassen.

Wenn das nur nicht so verdammt schwierig wäre und er bloß weniger verliebt –

Felchlin ist direkt erleichtert, als ein schwarzer Fiat am Straßenrand anhält und Patrick die Tür öffnet. Vom Rücksitz streckt ihm Ronny Tyrrell die Hand entgegen. Wie Patrick ist er in Zivil. Ronny ist der erste wirklich irisch aussehende Ire, dem Felchlin hier begegnet: lockiges rotes Haar, Sommersprossen auf der hellen Nase, grüne Augen unter fast weißen Wimpern.

»*Our cyber freak and expert technician*«, stellt ihn Patrick vor.

Er wendet das Auto, sie fahren zurück zum Städtchen. Beim Kreisverkehr am Ortseingang biegen sie Richtung Internatsschule ab und kurze Zeit später nach rechts in den Feldweg. Sie parken am selben Ort wie Felchlin vor ein paar Tagen und laufen hinter ihm über die Heide. Ronny trägt den Rucksack mit dem technischen Gerät. Zum Glück regnet es nicht mehr wie noch am Vormittag. Eine Brise hat die Wolken aufgerissen, und fleckenweise scheint die Sonne durch.

Das Gittertor in der Umfassungsmauer ist unverschlossen. Vor dem Institutsgebäude jenseits des Kirchplatzes stehen einige Lieferwagen. Aus dem Haus hämmert und bohrt es, eine Kreissäge kreischt, die Renovierungsarbeiten sind in vollem Gange.

Felchlin beschreibt den Gardaí die Lage der Sakristei und der beiden Zugänge. Gemäß dem Plan wird sich Patrick zunächst näher umsehen. Er zieht eine Mütze über die blonden Haare und setzt eine Sonnenbrille auf. Man wisse nie, ob man nicht jemandem über den Weg läuft, dem man schon mal eine Parkbuße aufgebrummt hat. So etwas vergäßen die Leute nie, sagt er, nickt und schlüpft durch das Tor. Ronny nestelt den Rucksack auf, legt eine Thermosflasche und ein Sandwich neben sich ins Gras und schält die Überwachungskamera aus der Verpackung.

»Eines der neuen Modelle auf dem Markt«, informiert er Felchlin, »klein und unauffällig, mit Akku, also netzunabhängig. Hier versteckt sich der Bewegungsmelder. Will heißen, die Kamera läuft erst, wenn sich jemand bewegt, und schickt dann sofort eine Pushmeldung auf dein Smartphone. Die Bildübertragung erfolgt per Funk auf eine App.«

»Das bedeutet, dass ihr in Echtzeit auf dem Bildschirm zuschauen und später das Video beliebig oft abspielen könnt?«

»Genau.« Ronny beißt ein Stück vom Sandwich ab. »Cool, nicht?«

Felchlin stimmt zu. Die Technologie ist raffinierter als das, was er und seine Kollegen in einem Fall von vermutetem Drogenschmuggel in Winterthur eingesetzt haben. Kollege Florim hätte seine helle Freude daran.

Bis Patrick zurückkommt, sprechen sie über Ronnys Polizeiausbildung und die Situation in Nordirland. Ronnys Mutter stammt aus der Nähe von Belfast und hat die schlimmen Jahre der Unruhen erlebt. »Nie würde sie in den Norden zurückkehren, so schön es dort auch ist«, sagt Ronny und bietet Felchlin einen Becher Tee an.

Patrick setzt sich wieder zu ihnen, auch er trinkt gern einen Becher des süßen Schwarztees. »Glück musst du haben«, sagt er zwischen zwei Schlucken. »Eine Frau machte sich gerade in der Kirche zu schaffen und hat mir ein oder zwei Dinge verraten.«

»Wie sieht sie aus?«, unterbricht ihn Felchlin.

»Nicht sehr groß, mager, höchstens vierzig, kurze braune Haare. Ausgesprochen unfreundlich, dabei habe ich mir solche Mühe gegeben, nett zu sein.«

»Vermutlich Deirdres Mutter. Harter Blick, spitze Nase?«

»Genau. Also wahrscheinlich Sarah Keale.«

»Was hast du von ihr erfahren?«, will Ronny wissen.

»Dass erstens die Putzerei harte Arbeit ist und ich ihr zweitens im Weg stehe. Und drittens, dass der Priester heute andernorts fromme Seelen betreut. Entspricht genau unseren Informationen. Sobald die Frau die Kirche verlassen hat, können wir rein.«

»Wie hast du das aus ihr herausgeholt?«

Patrick grinst.

»Uralter katholischer Trick. Ich hab gesagt, ich möchte beim Monsignore zur Beichte, es sei dringend. Ob das jetzt möglich sei.«

Ronny prustet los, auch Felchlin lacht.

»Und was, meinst du, stellt sich diese Lady jetzt vor? Was könnte es denn sein, das du so dringend beichten wolltest?« Ronny verschluckt sich vor lauter Vergnügen an seinem Tee und fängt an zu husten.

»Hey, sei nicht so laut, du Idiot verrätst uns noch!«

Ronny kichert eine Weile vor sich hin, auch Patrick sieht zufrieden aus. Zehn Minuten später erscheint die Frau auf dem Kirchplatz. Es ist Deirdres Mutter. Sie trägt eine geblümte Hausschürze und streift sich beim Gehen Gummihandschuhe von den Händen. Ein Arbeiter, der soeben Holzleisten aus einem Lieferwagen lädt, ruft ihr etwas zu. Ohne anzuhalten, antwortet sie kurz und scharf und schlägt ihre Gartenpforte hinter sich ins Schloss.

Ronny schraubt die Thermosflasche zu, Patrick erläutert die nächsten Schritte: Ronny und er begeben sich zum Hintereingang, öffnen die Schlösser zur Sakristei mit Dietrich oder Schlagschlüssel und montieren die Kamera. Felchlin behält von einem Versteck aus das Kirchenportal im Auge. Sollte sich jemand dem Eingang nähern, warnt er sie mit dem Smartphone. Die Montage sollte nicht länger als fünf Minuten dauern, auch das Verbinden mit der App würde nicht viel Zeit beanspruchen.

Gebückt läuft Felchlin hinter der Mauer zu einem Gebüsch, das die Mauerkrone überragt und ihn vor Blicken schützt. Von hier überblickt er die Zwillingshäuser, das Institutsgebäude, davor den Kirchplatz mit den Lieferwagen und die Kirchenfassade samt Portal. Die Gardaí schlüpfen durch das Tor, auf dem Weg zur hinteren Pforte sollten ihnen die Büsche und Grabsteine ausreichend Deckung bieten. Niemand läuft über den Kirchplatz, und es ist unwahrscheinlich, dass Deirdres Mutter genau in diesen Sekunden aus einem Fenster zum Friedhof schaut und die beiden Männer zwischen den Grabmälern entdeckt.

Felchlin schaut auf die Uhr, es ist zehn nach drei. Die Voraussetzungen, dass Montage und Überwachung gelingen, sind gegeben. Trotzdem ist er nervös. Normalerweise wird er in entscheidenden Situationen ruhig und konzentriert und denkt einzig an die nächste Handlung, den folgenden Schritt, das richtige Wort. Hier ist er weder der verantwortliche Kommandant, noch spitzt sich etwas vor seinen Augen zu. Ihm bleibt nur das Warten.

Hoffentlich klappt alles, hoffentlich steht der liebe Gott nicht auf der Seite seines frommen Dieners. Seltsamer Einfall – mit dem lieben Gott hat Felchlin kaum etwas am Hut und mit dessen Dienern, ob fromm oder nicht, noch viel weniger. Um sich abzulenken, denkt er an die vergangene Nacht. Wie es war, als Carla unerwartet in seinem Zimmer auftauchte und sich neben ihn legte. Er denkt an ihre Entschlossenheit und Hingabe, an die Wellen von Lust, unter denen er alles andere vergaß. Weiter zu planen, neue Begegnungen mit ihr zu phantasieren verbietet er sich. Besser, er schaut wieder mal auf die Uhr. Zehn Minuten sind vergangen, so langsam sollten die beiden Gardaí zurückkommen. Weder mussten sie etwas verkabeln noch die Kamera aufwendig programmieren. Hat die Tür geklemmt, sind sie vielleicht noch gar nicht in die Sakristei eingedrungen?

Zwei Männer in Überkleidern steigen auf der anderen Seite des Platzes in einen Lieferwagen, wenden und fahren über den knirschenden Kies davon. Wenige Sekunden später tauchen Patrick und Ronny am Chorende der Kirche auf und verschwinden im Gebüsch. Hinter die Mauerkrone geduckt läuft Felchlin zum Gittertor. Die Gardaí stoßen es hinter sich zu, Patrick hebt den Daumen, Ronny grinst.

Auf dem Weg durch die Heide erfährt Felchlin alle Details. Die zwei Schlösser zur Sakristei hätten sich mit dem Dietrich mühelos öffnen lassen, berichtet Patrick. Der optimale Standort für die Kamera habe sich rasch ergeben: Oben auf einem der Kleiderschränke, zwischen allerlei Gerümpel und verstaubten Büchern, ließ sich die Kamera gut kaschieren.

Bloß habe Ronny beim Installieren eine Vase übersehen, und nach einem Zwei-Meter-Sturz sei von ihr nicht viel übrig geblieben. Ob Felchlin den Knall nicht gehört habe. Schlimmer als ein Meteoreinschlag. Bis Ronny die Überreste unter dem Schrank hervorgeklaubt und im Rucksack verstaut hatte, sei ziemlich viel Zeit vergangen, *right*, Ronny? Der Techniker quittiert es mit fröhlichem Gelächter und schüttelt dabei den Rucksack; es scherbelt und klirrt, als breche ein Marktstand voller Geschirr zusammen. Felchlin und Patrick grinsen. Zum Schluss hätten sie überprüft, ob die Kamera richtig funktioniert. Der Bewegungsmelder reagiere, die empfangenen Bilder seien scharf.

Patrick bleibt stehen und aktiviert auf dem Smartphone eine kurze Videosequenz. Die Kamera erfasst einen guten Teil der Sakristei. Jede Bewegung der Polizisten ist klar zu erkennen.

»Phantastisch. Tolle Arbeit. Das wird ihn liefern.«

Auf dem letzten Kilometer bis zum Auto schweigen sie. Bei jedem Schritt klirrt es leise in Ronnys Rucksack. Das Geräusch löst bei Felchlin ein vertrautes Kribbeln aus, von der Wirbelsäule hoch bis auf die Kopfhaut. Er nimmt es als gutes Zeichen.

Bevor Patrick Felchlin nach Hause fährt, lädt er Ronny vor der Wache in Skibbereen ab.

»Ich will mit dir etwas besprechen, das Ronny nicht zu hören braucht. *Barboge, the cave.* Du erinnerst dich an das Versprechen des Chefs, wir würden die Höhle untersuchen. Bloß hat mich Mackie mit Arbeit richtiggehend zugemüllt. Alles superdringend, nicht der geringste Aufschub erlaubt.

Gleichzeitig insistiert er, dass ich und niemand sonst die Besichtigung leite. Ich sehe nicht, wann ich dafür Zeit habe.«

»Ehrlich gesagt verwundert mich das nicht. Der Widerstand starrte ihm aus allen Löchern, um es drastisch zu formulieren. Wie wenn nicht wahr sein darf, was nicht wahr sein soll. Hast du eine Ahnung, was dahintersteckt?«

Patrick schüttelt den Kopf. »Vielleicht weiß ich mehr, nachdem wir uns dort umgesehen haben.«

»Bloß sind wir dann längst wieder nach Hause gereist. Offen gestanden stört mich das. Immerhin habe ich ein paar merkwürdige Beobachtungen gemacht und euch mitgeteilt.«

»Okay, reg dich nicht gleich auf. Ich habe mir etwas überlegt. Morgen ist mein freier Tag. Mein Cousin besitzt ein Fischerboot im Hafen von Baltimore, das ich gelegentlich ausleihe. Was hältst du von einem kleinen Ausflug, ganz privat und inoffiziell?«

Felchlin ist überrascht. »Ein kleiner Akt des Ungehorsams – kannst du dir das leisten? Ich meine – ich will nicht, dass du deine Stelle gefährdest. Zur Not kann ich selber ein Boot auftreiben und die Höhle erkunden.«

»*Don't worry,* Mackie braucht mich. Und im Team habe ich viel Rückhalt. Außerdem interessiert mich die Angelegenheit.«

»Wenn das so ist, bin ich dabei.«

Sie vereinbaren, dass Patrick Felchlin am folgenden Morgen um neun Uhr abholt.

19

Eines mehr, das bleich und unbeweglich daliegt. Das zweite heute, wieder ein Bub.

Geraldine liest den Namen am Fußende. Dennis McCleod, drei Monate und ein paar Tage alt. Mit einer raschen Bewegung rafft sie die dünne Decke zur Seite, stupst das Baby in die Brust und zieht mit Daumen und Zeigefinger das dünne Ärmchen in die Höhe. Kein Zucken, keine Reaktion, nichts. Sie lässt los, der Kinderarm fällt leblos auf die Matratze. Kein Atemzug hebt den abgemagerten Brustkorb.

Der Fall ist klar. Gestern hat es noch gelebt.

Geraldine trägt den vogelleichten Körper zum Wickeltisch, wo die Tücher bereitliegen. Mit wenigen Handbewegungen zerrt sie Jäckchen, Leibchen, Strampelhöschen und die noch trockene Windel vom Körper des toten Babys. Sie legt den Leichnam auf eines der Quadrate, wickelt es zu einem festen Bündel und verknüpft die Zipfel des Tuchs zu einem Knoten.

Bevor sie mit dem Paket den Raum verlässt, läuft sie an den Kinderbettchen und Körben vorbei. Aus einigen wimmert es leise. Ein Baby hat schon geschrien, als sie den Raum betrat, es schreit noch immer. Einige der älteren Säuglinge zappeln mit den Armen, sofern sie nicht schlafen, oder pressen ihre Fäustchen gegen schorfige Wangen. Andere, die schwächeren, schlummern. In zwei Stunden ist Fütterungszeit. Das ist meist rasch erledigt. Die kräftigeren Kinder schnappen heißhungrig nach dem Brei, die schwachen sind zu lethargisch und erschöpft, um noch viel zu sich zu nehmen.

Im Korridor legt Geraldine den Leichnam auf den metallenen Wagen, neben ein etwas größeres und ebenso fest zusammengeschnürtes Bündel. Sobald es dunkel ist, wird Juliet die toten Babys zur Abholstelle vor der Mauer legen und Jake Bescheid sagen.

Jake erledigt dann den Rest.

Sie läuft durch die Gänge ins Büro und holt ein schwarzes gebundenes Buch aus dem Schrank. Eine ältere Schwester mit Brille blickt von der Schreibarbeit auf.

»Schon wieder eines? Schreib wieder ›Masern‹, verstanden?«

Mit steifer Schrift trägt Geraldine unter dem 13. November 1960 Vornamen, Namen, Alter und die Todesursache des Kindes ein. Masern.

Die Stimme der Älteren zerhackt die Stille.

»Wo bleibt bloß Juliet mit dem Vormittagstee, sollen wir hier eigentlich verdursten?«

Mit einem Knall klappt Geraldine das Buch zu und stellt es an seinen Platz.

20

Zuerst murren die Kinder, weil sie nicht mit Felchlin und dem irischen Polizisten mitdürfen. Und zum Kofferpacken, weil anderntags der Umzug ins Hotel ansteht, haben sie erst recht keine Lust. Auch Carla reagiert leicht sauer, dass er schon wieder »fremdgeht«. Aber nachdem sie das Ziel der Expedition erfahren hat und ihr Felchlin verspricht, um die Packerei brauche sie sich nicht zu kümmern, das übernehme er, gibt sie sich versöhnt.

Verunsichert schaut er sie an. Zu einer zweiten Liebesnacht, wie er gehofft hat, ist es nicht gekommen. Heute früh – keine Berührung außer dem trockenen Kuss auf den Mund. Entspannt wie immer saß sie am Frühstückstisch, schenkte sich Kaffee ein und wischte Severins Konfitürenmund sauber. Auch in Sachen Liebe ist Carla eigenwillig.

Eigentlich gefällt ihm das an ihr – wie sie ihre Grenzen zieht, die es zu respektieren gilt. Und er liebt das Weibliche und gleichzeitig Robuste und Gradlinige an Carla, ihre ehrliche, schnörkellose Art. Nachdenklich beobachtet er, wie sie Severin auf ihren Schoß setzt, ihm liebevoll durch die Haare fährt und seinem Geplauder aufmerksam zuhört. Carla – so ganz anders als Laura. Laura – fraglos liebt auch sie ihre Kinder. Doch im Umgang mit ihnen strahlt sie oft etwas Selbstbezogenes aus, ist rasch beleidigt. Vielleicht hat Lauras italienische *mamma* sie wirklich zu sehr verzärtelt, hat ihr zu häufig Zumutungen und Unannehmlichkeiten abgenommen. Carla hingegen – der Walliser Bergbach. So nannten sie die Polizeikollegen. Oskar Abderhalden hat die Beschreibung eines Tages in die Welt gesetzt, alle haben sie übernommen, und Carla hat sie akzeptiert, kommentarlos.

Wie verabredet hält Patrick O'Driscoll eine halbe Stunde später vor dem Tor. Felchlin setzt sich neben ihn, Patrick fährt los, am Anwesen vorbei den Hügel hoch. Er sei gut ausgerüstet, informiert ihn Patrick, mit Sandwiches, zwei Thermosflaschen Tee, Stirnlampen, Handleuchten und Fotoapparat im Rucksack.

»Du kennst Baltimore, wo das Boot meines Cousins liegt? Habt ihr auch Baltimore Castle besucht? Die Residenz des O'Driscoll-Clans?«

Felchlin verneint.

»Ihr habt etwas verpasst. Die Burg wurde 1215 von einem Normannen errichtet. Während dreihundert Jahren lebten die O'Driscolls dort, ein stolzer und berühmter Clan – vor allem Händler und Piraten. Und später Auswanderer, wie viele von uns Iren. Jedes Jahr im Juni versammeln sich Hunderte von O'Driscolls aus den USA zu einem Clantreffen in Baltimore – da siehst du vor lauter Amis das Meer nicht mehr!«

Sie erreichen die Küste, die Straße schlängelt sich der Meerenge entlang. Die Inseln rechts von ihnen hießen Inishbeg und Ringarogy, erklärt Patrick, dort lebten nur Schafe.

Sein iPhone auf der Konsole meldet sich. Er lenkt das Auto in die nächste Haltebucht und schaut aufs Display.

»Eine Pushmeldung der Kamera! Das ging aber schnell. Ich logge mich ein!« Patrick schreit beinahe vor Aufregung.

Felchlin spürt ein Ziehen in der Magengegend. Er beugt sich hinüber. Nach ein paar Klicks wird der Bildschirm hell. Das Innere der Sakristei ist deutlich zu sehen, auch ein Mann im dunklen Pullover vor dem offenen Schrank. Der Priester? Felchlin konzentriert sich auf das Bild. Gescheiteltes, wohl graues Haar, das trifft zu, auch die Statur könnte stimmen. Noch wendet der Mann der Kamera nur den Rücken zu. Endlich dreht er sich um, in den Händen einen Karton, den er auf den Tisch stellt. Obwohl die Kamera den Mann von oben aufnimmt, ist Felchlin jetzt sicher: Die Kleidung, die breiten Schultern – es muss der Priester sein.

Schweigend schauen sie zu, wie der Mann eine Anzahl kleiner Pakete aus dem Karton holt, auf den Tisch legt und sie zu zählen scheint. Er notiert etwas auf einem Zettel, versorgt die Pakete wieder und trägt den Behälter zurück zum Schrank. Danach bleibt er unschlüssig stehen, konsultiert die Armbanduhr, stellt sich vor ein Bild oder einen Spiegel, fährt mit den Fingern durch die Haare, stößt die Schranktüren zu, dreht die Schlüssel und sieht wieder auf die Uhr.

»He is waiting for something or somebody«, flüstert Patrick, obwohl er nicht flüstern müsste.

Felchlin nickt, sein Herz schlägt härter als sonst. Der Priester dreht den Kopf gegen die Tür zum Kirchenraum, geht mit raschen Schritten hin und öffnet sie. Sekundenlang dreht er der Kamera den Rücken zu. Dann macht er einen Schritt vorwärts, sein Arm bewegt sich nach vorne, ergreift etwas, einen dünnen Arm, eine kleine Gestalt. Ein Kind. Schon hat es der Priester in die Sakristei gezogen, er schließt die Tür und dreht den Schlüssel. Das Kind hat sich aus dem Griff gelöst und rennt zum Wandschrank unter dem Fenster. Felchlins Herz tut einen schmerzhaften Schlag: Es ist Deirdre. Das Haar zu zwei Zöpfen geflochten. Der immer gleiche Kapuzenpullover, die ausgebeulten Jeans, die Turnschuhe. Sie presst sich gegen den Schrank, die Arme eng um den Oberkörper gelegt. Der Priester baut sich vor ihr auf, streicht ihr über den Kopf, hebt mit der Hand ihr Kinn hoch und scheint ihr zuzureden. Das Mädchen macht sich klein und schmal. Mit dem Fuß angelt der Mann einen Stuhl näher, setzt sich breitbeinig hin und streckt die Hand nach Deirdre aus. Er bekommt ihr Handgelenk zu fassen, zieht sie näher, bis er sie zwischen seine Beine gezerrt hat. Mit beiden Händen umfasst er ihr Gesäß und presst mit den Knien ihre Oberschenkel gegeneinander. Das Mädchen ist gefangen, mit gesenktem Kopf und dicht an den Körper gelegten Armen.

Patrick neben Felchlin atmet hörbar aus.

Mit einer Hand öffnet der Priester seine Hose, das erigierte Glied steigt deutlich sichtbar aus dem Schlitz. Noch immer umfasst seine linke Hand Deirdres Rücken, mit der anderen zwingt er das Mädchen, die dünnen Finger um den Penis zu schließen. Er legt seine Hand über ihre und beginnt zu pumpen.

»Fucking priest, calls himself a man of God!«, presst Patrick zwischen den Zähnen hervor. *»I could kill him!«*

Felchlin hält den Atem an. Erwürgen könnte er den Kerl, mit den bloßen Händen erwürgen, stünde er hinter ihm. Hunderte ähnlicher Bilder und Videos hat er gesehen, musste er sich als Polizist anschauen, und nie wird er sich daran gewöhnen. Doch dies hier zu verfolgen ist noch unerträglicher. Deirdre, scheu, verstört, völlig schutzlos. Wäre es Chloë, es könnte fast nicht schlimmer sein. Er presst seine Faust gegen die Lippen.

Mit einem Ruck stößt der Priester die Hand des Mädchens weg, packt allein zu und wirft den Kopf in den Nacken. Angewidert schauen Felchlin und O'Driscoll zu, wie sich sein Gesicht im Orgasmus zusammenzieht, wie er den Mund zu einem Schrei oder Stöhnen aufreißt. Das Kind hat sich, soweit es im Griff des Mannes überhaupt möglich ist, von ihm abgewendet. Felchlin ist es klar, dass Deirdre diese Szene schon oft erlebt hat. Abwenden als Strategie, um den Moment zu überstehen. Und was als Nächstes? Schon fast erleichtert sieht Felchlin, dass er ein Taschentuch aus der Hosentasche zieht und sich selbst abwischt. Dann lockert er den Schraubstock seiner Beine, steht auf und verschließt die Hose. Deirdre ist zurückgewichen, steht mit dem Rücken zu ihm. Mit einer Hand dreht sie der Mann zu sich, spricht auf sie ein, legt den Finger auf ihre Lippen.

»Schweigen soll sie, sagt der Kerl. Aber bald ist ausgeschwiegen, *father*!« Patricks Stimme ist heiser vor Wut. Sie sehen, wie der Priester das Mädchen aus der Sakristei entlässt und die Tür wieder verschließt. Dann klickt Patrick das Video weg. Er atmet heftig aus, tippt Ronnys Nummer an. Ronny antwortet sofort.

»Hast du's auch gesehen? – *Bloody fucking bastard.* – Jetzt damit zu Mackie. Sofort. Sobald er die richterliche Genehmigung hat, holt ihr den Perversling. – Sicher, wenn möglich noch heute! – Nein, es ist mein freier Tag, das weißt du doch! – Ja, ich bereue es auch. Du kannst ihm für mich einen extraharten Tritt in die Eier verpassen. – *Okay, cheerio, mate*, und macht's gut!«

Patrick atmet ein paarmal durch, startet den Motor.

»Als Erstes brauche ich eine Stärkung. Ein großes Bier, ich bin ja offiziell nicht auf der Arbeit. Und einen Hamburger. In Baltimore am Quai, Bushe's Bar. Danach kannst du wieder mit mir rechnen.«

»Bier klingt nicht schlecht«, findet auch Felchlin. Ob ihm nach Essen ist, weiß er noch nicht.

21

Fünfzehn Minuten später sitzen sie vor Bushe's in der Sonne. Touristen schlendern vorüber, durch die Bucht gleiten weiß ein paar Segelschiffe. Es riecht nach Sommer und Sommerferien. Die Bedienung lächelt freundlich, das Bier schmeckt würzig, der Hamburger sieht saftig aus und ist von einem verlockenden Salat begleitet. Allmählich verblassen die Bilder aus der Sakristei, ziehen sich hinter die Augen zurück. Felchlins Appetit meldet sich.

»Jetzt schmeckt es direkt nach einem freien Tag«, schmatzt Patrick und wischt sich den Mund mit dem Handrücken ab. »Krass, dieser Kontrast. Vor einer Stunde Blick in die Hölle und jetzt schon wieder nahe am Paradies.«

Felchlin streckt die Beine aus. Sich wie im Paradies zu fühlen ist wohl ein Privileg des jüngeren Mannes. Pädophilie. Was für ein Monster! Wie kann das Kind dieses Trauma je überwinden? Darüber muss er mit Carla sprechen. Sie fragen, ob sie aus der Fachstelle ähnliche Fälle kennt und was nach solchen Erlebnissen an Heilung möglich ist.

Und Sarah Keale, Deirdres Mutter? Todsicher weiß sie vom Missbrauch. Er wurde ja Zeuge, wie sie Deirdre in die Kirche schickte. Wo der Priester wie eine gemeine Spinne auf sie lauerte. Ist Sarah von ihm abhängig, finanziell, wegen einer Vorgeschichte? Was muss Fürchterliches passiert sein, damit eine Mutter die eigene Tochter einem solchen Unhold ausliefert? Falls die irische Justiz greift, wird auch Sarah angeklagt. Und Deirdre kommt in Obhut, vielleicht sogar schon sehr bald.

Patrick unterbricht Felchlins Gedankenstrom.

»*By the way*, dort drüben siehst du Baltimore Castle.« Er

zeigt auf ein trutzig aussehendes Gebäude mit grauen Zinnen, das am Ende des Hafens hochragt.

»Drinnen stand die Wiege meiner Vorfahren. Sozusagen.« Patrick lacht ein bisschen, vielleicht weil ihm die Beschreibung seiner Herkunft ungewohnt pathetisch geraten ist, und er ruft nach der Bedienung.

»Heute bist du mein Gast«, beteuert er so nachdrücklich, dass Felchlin die Brieftasche wieder einsteckt.

Sie laufen über die Mole, vorbei an vertäuten Segelschiffen und Fischerbooten. Bei einem weiß gestrichenen Fischerkahn bleibt Patrick stehen. In schwarzer Farbe und irischen Lettern prangt der Name »Mermaid« am Bug, daneben eine hingepinselte Seejungfrau mit gebogenem Schuppenschwanz. Ein schöner Name für ein Boot. Über die Reling klettern sie aufs Schiff. Patrick startet den Motor, löst mit Felchlins Hilfe die Taue und fährt rückwärts aus der Lücke. In einem weiten Bogen durchquert er die Bucht und peilt den schmalen Durchgang zwischen dem Festland und Sherkin Island an. Felchlin setzt sich neben Patrick auf eine Kiste.

»Bist du eigentlich religiös? Katholisch? Ich meine, wie reagierst du auf eine Szene wie vorhin?«

Patrick lässt sich Zeit mit der Antwort, wischt die blonden Haare aus der Stirn.

»Religion, die katholische Kirche, das gehört einfach zu Irland. Das ist bei uns tief verankert. Seit ich zurückdenken kann, sind wir immer in die Messe gegangen, zur Beichte, zu allen kirchlichen Festen. Meine Mutter erwartet das noch immer von mir, auch wenn ich schon lange nicht mehr zu Hause wohne. Ich sage ihr nicht, dass ich nur noch selten hingehe. Sie würde ausrasten.«

»Gibt es einen Grund, dass du nicht mehr hingehst?«

»Auch weil einfach zu viel passiert ist. Hunderte von Missbrauchsfällen, im Murphy-Bericht von 2009 aufgelistet – vor allem mit unterprivilegierten Kindern. Und die Priester treiben es immer noch, wie wir sehen, trotz aller Beteuerungen der Bischöfe. Dann die Sexualmoral. In alles mischt sich die Kirche ein. Bis vor wenigen Jahren mussten Frauen sogar nach einer Vergewaltigung nach England reisen, um eine Schwangerschaft zu beenden. Und bis wir Iren legal Kondome oder die Pille kaufen konnten – das reinste Mittelalter! All das bringt dich zum Nachdenken. Es verändert deine Einstellung. Und du – gehst du zur Kirche?«

»Wenn ich ginge, dann in eine protestantische. Aber meine Mutter hat mir das mit ihrer Frömmelei schon früh ausgetrieben. Mit der Kirche habe ich als Jugendlicher abgeschlossen.«

»Bist du Atheist?«

»Weiß ich nicht so recht. Da sagt man wohl eher Agnostiker.«

Carla hat ihm vor ein paar Tagen die gleiche Frage gestellt und sich gewundert, dass er keine Antwort wusste. Das wisse man doch, meinte sie etwas empört. Ich nehme mir zu wenig Zeit für solche Fragen, denkt Felchlin, immer absorbiert von der Arbeit, von Weiterbildungen, von den Sorgen um die Kinder, von Streitereien mit Laura, von den Gedanken an eine neue Beziehung, von den Gedanken an Carla. Auch jetzt in den Ferien rennt er Verbrechen hinterher, anstatt sich Zeit für anderes zu nehmen. Zum Beispiel zum Nachdenken. In aller Ruhe den Harari zu lesen wäre ein guter Anfang. Doch mehr als das erste Viertel des Buches hat er bisher nicht geschafft.

Sie erreichen das offene Meer. Weit draußen erkennt Felchlin den Fastnet Rock. Wie mit unsichtbaren Fäden aufgehängt schwebt der Leuchtturm über der fast senkrechten Klippe. Nach einem Schwenker hält Patrick Kurs gen Osten. Die steil abfallende Küste gleitet vorbei, Kalkfelsen im Wechsel mit begrünten Halden, darüber die Heidehügel.

»Siehst du den Durchgang, dort zwischen den Felsen?«

Patrick weist auf eine Stelle vor dem Steilufer, die aussieht, als habe ein Riese ein paar mächtige Felsbrocken ins Meer geworfen. »Dahinter liegt die Bucht mit dem Pier. Die Anlegestelle unterhalb eures Hauses. Zur Barboge-Höhle ist es nicht mehr weit.«

Er drosselt den Motor und gleitet näher ans Ufer. Dabei achtet er auf Untiefen und Felsen, die bis knapp unter die Oberfläche ragen. Felchlin lehnt an der Reling. Das Meer ist smaragdgrün, glitzernde Fischschwärme pfeilen durch das Wasser. Ein paar Möwen schwingen sich von den Felsen in die Luft und kreisen über dem Boot. Welch perfekter Ort zum Schwimmen und Tauchen!

Sie umfahren kalkweiße Felstürme, dahinter öffnet sich eine neue Bucht. In den Uferklippen, vielleicht fünf Meter höher als der Wasserspiegel und hinter Gebüsch und Astwerk verborgen, lässt sich bei genauer Beobachtung ein dunkler Fleck ausmachen. Die Öffnung der Barboge-Höhle. Beim Näherfahren sehen sie, dass ein Teil des Höhlenzugangs mit Steinen zugemauert wurde. Ein abschüssiger Pfad verbindet den Eingang mit dem improvisierten Anlegeplatz.

»Hat McAleese nicht behauptet, die Höhle sei vollständig verschlossen und nicht begehbar?«, fragt Felchlin.

»Genau. Die Frage stellt sich, ob er wusste, dass dem nicht so ist.«

Patrick schaltet in den Leerlauf und überlegt ein paar Sekunden.

»Vielleicht ist es klüger, wenn wir mit dem Boot außer Sichtweite anlegen und zu Fuß zur Höhle gehen. *Just in case.*«

Die Idee sei ihm auch schon gekommen, stimmt Felchlin bei.

Mit gedrosseltem Motor umrunden sie die Felsen und erreichen die nächste Bucht. Sogleich fällt Felchlin die starke Strömung auf, die das Wasser zu Wirbeln und kleinen Wellen aufmischt. Der Ursprung der Bewegung ist rasch entdeckt: Aus einer Felsspalte am Ufer drängt ein kräftiger Wasserstrom ins Meer. Es muss der Fluss sein, der ihren Badesee abwechselnd entwässert und wieder füllt. Ob er das Phänomen des Sees kenne, erkundigt er sich bei Patrick.

»Ich habe davon gehört, aber dort war ich noch nie. Erstens war das ganze Gebiet um den See schon immer in Privatbesitz, also Zutritt verboten. Und zweitens erzählen die Leute seltsame Geschichten darüber. Es spuke, es sei ein Ort, wo sich die Toten treffen und wo die Banshee, ein weiblicher Geist, ihr Unwesen treibe. Solche Dinge. Als Junge hat mir meine Mutter schwerste Strafen angedroht, falls ich hinginge.«

»Wir haben Ähnliches gehört. Aber Geister sind keine erschienen, bloß Graffiti und Eingeweidehaufen.«

Patrick kratzt sich im Haar.

»Auch nicht sehr lustig.«

Sachte lenkt er das Schiff ans felsige Ufer, wirft zwei Taue um die Felsblöcke und zurrt sie fest, bis das Boot gut vertäut daliegt. Felchlin schnürt die Turnschuhe fester, Patrick schwingt seinen Rucksack auf den Rücken.

»Okay, let's go.«

Sie klettern um die Felsblöcke. Der Weg durch Geröll, über scharfe Steinkanten und eine abschüssige, von Disteln durchwachsene Halde ist mühsam und rutschig. Patrick erweist sich als geschickter Kletterer, Felchlin wünscht sich, er hätte festere Schuhe an den Füßen. Nach einigen Mühen und einer Rutschpartie über loses Gestein erreichen sie den Anlegeplatz und laufen den Pfad zur Höhle hoch. Unterwegs bückt sich Felchlin nach einer leeren Zigarettenpackung und steckt sie ein. Bevor sie das Gebüsch auseinanderziehen und über die Brocken vor dem Eingang klettern, hält Patrick still.

»Ich will sichergehen, dass keiner da ist«, sagt er leise.

Eine Weile lauschen sie aufmerksam. Nichts ist zu hören

außer dem Klatschen der Wellen gegen das Ufer. Sie legen die Stirnlampen an und steigen durch die Öffnung in die Höhle.

Der Boden ist festgetretener und mit Kies durchsetzter Lehm. Nach dem schmalen Eingangsbereich weitet sich die Höhle zu einem igluähnlichen Raum. Ein Gemisch aus Uringestank und altem Rauch schlägt ihnen entgegen. Patrick lenkt den Lichtkegel seiner Handlampe auf die Wände.

»Holy shit!«

Der Raum erinnert an einen Ausstellungsort oder ein Versammlungslokal. Aufgespannt auf Holzlatten, die ringsum an der Höhlenwand lehnen, schreien ihnen Fahnen, Banner und Plakate entgegen, dem Eingang gegenüber ein riesiges Hakenkreuz auf rot-weißem Grund. Daneben hängt ein Tuch in den gleichen Farben, nur zeigt es ein stilisiertes irisches Kreuz statt des Hakenkreuzes. Auf der nächsten Fahne steigt eine angeschnittene orangefarbene Sonne über blauem Grund auf. Neben Wimpeln verwandter Organisationen aus England, Deutschland und Italien reiht sich Poster an Poster. Einige sind professionell hergestellte Drucke im Weltformat. *»Ireland for the Irish!«*, liest Felchlin, *»Nationalist Brotherhood«*, gedruckt in runenähnlichen Lettern, darunter ein schwarzes Sonnenrad. Andere Plakate wurden von Hand beschrieben, mit schwarzer Farbe und wenig grafischem Geschick. Felchlin richtet die Handleuchte und liest die Sprüche halblaut vor. *»We'll get you nigger Cocksuckers. We hate muslims pakis Niggers indians and all the other crap. Get off our arse or get killed.«* Die Schrift erinnert an die Schmiererei auf Kavanaghs Tor. Doch das mag Zufall sein und beweist nichts.

In einer Nische stapeln sich Bierkisten, leere Flaschen liegen auf dem Boden, achtlos hingeworfen. Andere Flaschengebinde wurden als Sitzgelegenheit um ein halbiertes Fass aus Kunststoff gruppiert. Auf dem Deckel des Fasses stecken heruntergebrannte Kerzen in einer dicken Wachsschicht. Der Boden ist übersät mit Zigarettenkippen, stellenweise so dicht, dass sie fast einen Teppich bilden.

»Hier also trifft sich die Brotherhood«, brummt Patrick mehr zu sich selbst als zu Felchlin. Mit Gummihandschuhen sammelt er Zigarettenstummel in einem Plastiksack. Felchlin schaut ihm zu und ordnet dabei die ersten Eindrücke. Eine rechtsextreme Gruppierung aus der Region. Dazu passt der vermutete Waffentransport auf dem Pick-up und der »Sea Wave«. Auch die Angriffe gegen die Eritreer vor dem Einkaufszentrum und die Ausfälligkeit des Mannes gegen die Kassiererin könnten damit zusammenhängen. Und die Schmiererei am Tor, die Eingeweide? Gut möglich, dass sich die Gruppierung von ihnen gestört fühlte. Wie der Maler am Tor mutmaßte. Aus Angst, sie könnten die Transporte beobachten? Oder plant die Gang eine noch größere Aktion, die auffallen würde?

»Was wisst ihr von dieser Brotherhood?«, fragt er nach einer Weile. Patrick schüttelt den Sack mit den Kippen.

»DNA in rauen Mengen«, sagt er befriedigt und steckt den Beutel in den Rucksack. Bevor Felchlin die Frage wiederholen kann, kommt ihm Patrick zuvor.

»Seit einiger Zeit ist bekannt, dass ein Ableger der Irish Brotherhood an unbekanntem Ort in der Gegend agiert. Rechtsextremismus, national verankert und vernetzt mit anderen Rechtsextremen, vor allem aus England, aber auch weltweit. Belästigungen und Angriffe gegen Ausländer, gegen Schwarze, Moslems, LBTQ-Gruppen. Schikanen, Drohbriefe, Hassmails, das Übliche. Doch die Garda ist dem nie wirklich nachgegangen. Hier nicht und anderswo nicht. Trotz Meldungen von Übergriffen aus der Bevölkerung und von Opfern. Die Leute wurden hingehalten. Akten verlegt. Die Dinge totgeschwiegen. Man kam einfach nicht weiter und gab es schließlich auf. Auch ich. Wenn nötig mit einer faden Ausrede.«

Patrick schweigt ein paar Sekunden.

»Das kam von weiter oben.«

»Auch von McAleese?«, fragt Felchlin nach einer Pause. Patrick nickt.

»Dann habt ihr jetzt ein Problem.«

»I know.«

Der Inspector gibt sich einen Ruck.

»Doch die Evidenz hier – die kann selbst Mackie nicht mehr unter den Teppich kehren. Zur Sicherheit mache ich ein paar Fotos.«

Im Licht der Stirnlampen und von Felchlins Handlampe fotografiert er die Flaggen, Wimpel und Poster. Felchlin fällt dabei eine Stelle auf, wo die Höhle weiterführt. Ein schmaler Durchgang tut sich auf, rechts davon öffnet sich eine neue Kammer.

»Patrick, komm und schau dir das an!« Er hat sich nicht getäuscht.

Ordentlich in Holzkisten gestapelt präsentiert sich ein Waffenarsenal. Kisten mit halb automatischen Gewehren und Handfeuerwaffen, eine Kiste mit Handgranaten und Messern sowie ein Metallbehälter für Munition stehen aufgereiht an der Höhlenwand.

»*Bloody shit.* Du hattest recht mit deiner Vermutung«, brummt Patrick hörbar verärgert.

Während Felchlin die Kisten mit der Handlampe ausleuchtet, macht sich Patrick daran, die Waffen zu fotografieren. Mit Handschuhen hebt er eine der halb automatischen HK MP7 aus der Kiste, sucht die Seriennummer, fotografiert sie und legt die Waffe zurück.

»Ich nehme an, dieses Lager ist auch in Irland illegal.«

»Schwer illegal. Waffenbesitz ist bei uns strikt kontrolliert,

Firearms Act von 2009. Ohne Zertifikat mit strengen Auflagen kriegst du keine Waffe. Und alle drei Jahre musst du den Waffenschein bei der Garda erneuern.«

»Und McAleese?«

»Dass er hier die Finger drinhat, traue ich ihm nicht zu. So weit geht der nicht. Selbst wenn er Sympathien für die Rechten hegt. Die hat er, und damit ist er nicht allein, jedenfalls nicht in Irland; und nicht bei der Garda.«

Patrick klingt überzeugt. Felchlin registriert, dass ihn die Antwort erleichtert. Ein Polizeichef in einem demokratischen Land, so korrupt, dass er mit rechtsextremen Verbrechern zusammenarbeitet und sie beim illegalen Waffenerwerb unbehelligt lässt – der Verdacht allein wäre schlimm, der Fakt erst recht.

Neben der Waffenkammer weitet sich ein Durchgang in einen größeren Raum. Auch hier stinkt es penetrant nach Urin. Außer einer Menge gestapelter Bierkisten ist die Höhlung leer.

»Das war's dann wohl. Gehen wir?«, fragt Patrick.

Etwas hält Felchlin zurück.

»Mir fällt auf, dass der ausgetretene Boden weiter nach hinten führt. Ich würde gerne den Schacht finden, durch den ich beinahe in die Höhle gefallen wäre.«

»Okay, let's go.«

Patrick tappt voraus, Felchlin hinterher. Mit den Lampen leuchten sie Boden und Wände aus und geben acht, über keinen Felsbrocken zu stolpern. Die Höhle verengt sich, biegt leicht nach links ab und scheint einige Schritte später etwas heller zu werden. Tatsächlich sickert von oben schwaches Tageslicht ein. Felchlin sieht sich um. Weiter hinten im Berginnern hebt sich eine regelmäßige Struktur wie ein Muster von der Felswand ab. Er geht näher und richtet den Lichtstrahl darauf.

Bündel. Bündel aus Stoff, von unterschiedlicher Länge.

Zahllose graue Stoffbündel, aufgeschichtet zu einem Stapel an der Höhlenwand. Ein Stoß aus Bündeln, der an eine Wand aus Holzscheiten erinnert. Die längsten messen vielleicht einen halben Meter, die kurzen kaum mehr als dreißig Zentimeter.

Felchlin steht wie festgenagelt. Er spürt Patrick neben sich, bewegungslos.

»What the hell –«

Patricks Stimme hat einen anderen Klang, heiser, ungläubig. Sie gehen näher.

Felchlin tastet über eines der Bündel. Seine Finger spüren rauen Stoff, hart, nesselartig. Eine Verschnürung, ein fester Knoten. Darunter Gliedartiges, kleine Teilchen, Vertiefungen, Höcker, Rundungen.

Was zum Teufel –

Er versteht nicht, weshalb ihn auf einmal jähes Grauen packt.

Was steckt in den Bündeln?

»Patrick – was ist das? Wir müssen nachsehen.«

Im Licht von Felchlins Lampe beginnt O'Driscoll, den Knoten eines der Bündel zu lösen.

Seine Hände zittern.

Felchlin hört, wie er hart schluckt.

Endlich haben Patricks fahrige Hände den Knoten gelöst. Sorgfältig schlägt er die Zipfel zur Seite, faltet die eine überlappende Ecke des Stoffs nach oben, die andere nach unten.

Vor ihnen auf dem Tuch – und auf Hunderten weiteren Bündeln – liegt ein winziges Kind. Eine nackte Kindesleiche, vertrocknet, mumifiziert. Ein kleines Mädchen. Ärmchen und gekreuzte Beinchen, dünn wie Haselzweige. Gebogene Rippen, jede zart wie ein Hühnerknöchelchen. Die Haut durchscheinend wie Seidenpapier. Schwarze Haare auf dem Köpfchen, die Augen eingefallene Höhlen. Das zahnlose Mundloch steht offen, die Nase ist nicht mehr als ein winziges Dreieck.

Felchlin starrt auf das tote Baby, sein Grauen wächst. Er versteht überhaupt nichts.

Neben ihm atmet Patrick heftig aus.

»This is ... this is ... unbelievable –«

Seine Stimme stockt, im Schein der Lampen sieht er aus, als erblicke er ein Gespenst. Was für ein grauenvolles Massengrab haben sie entdeckt?

Wieder atmet Patrick tief aus.

»Ich glaub's nicht. Was wir hier gefunden haben, ist der Wahnsinn. Der absolute Wahnsinn! Völlig verrückt. Es wird der Kirche den Heiligenschein wegreißen, endgültig.«

Mit wachsendem Entsetzen hört Felchlin der Geschichte zu, die Patrick mit heiserer Stimme zusammenstoppelt: Tuam, ein kleiner Ort in der Grafschaft Galway, nördlich von hier. Vor etwa einem Jahr machte eine Lokalhistorikerin eine grausige Entdeckung: Sie fand fast achthundert Kleinkinderleichen, aufgeschichtet in den verschütteten Klärgruben, Abwasserkanälen und unterirdischen Zisternen eines ehemaligen Klosters. Kinder unverheirateter Mütter, die man während der Schwangerschaft ins Kloster gesperrt hatte. Ihre Familien schämten sich, schickten die Sünderinnen zum Gebären zu den Nonnen in Tuam. Die Kinder, die überlebten, verkaufte das Kloster in die USA zur Adoption. Die schwächeren Kinder starben wie die Fliegen, aus Mangel an ausreichender Nahrung und Pflege. Sie wurden ohne Begräbnis, ohne Grabstätte anonym im Untergrund entsorgt. Die Entdeckung des Massengrabs lief durch die Presse. Der Aufschrei war riesig, die Regierung ordnete eine Untersuchung an.

»Man vermutet weitere Massengräber in anderen Grafschaften, wo der Orden ebenfalls Klöster und Heime betrieb.

Unter anderem im County Cork – *and this is it!* Hier, vor unseren Augen! Siehst du den Zusammenhang?«

Patricks Erregung springt auf Felchlin über.

»Wahnsinn! Du meinst … Gibt es hier in der Nähe ein Kloster, wo solche Mütter und Kinder gelebt haben könnten?«

Noch während er die Frage stellt, explodiert der Name in seinem Gehirn.

»Children of the Blessed Heart – das Internat war früher ein Kloster und ein Heim für junge Frauen! Haben wir im Internet gelesen!«

Patrick schaut ihn entgeistert an. Langsam richtet er seine Lampe gegen die Höhlendecke, als wolle er durch Felsen und Erde nach draußen sehen.

»Verdammt noch mal – das ist höchstens zwei Meilen von hier entfernt. Tausend Euro, dass die Ordensleute die Höhle kannten! Und was machten sie daraus? Eine Abfallgrube für tote Kinder. Unfassbar.«

Der Lichtkegel senkt sich, streicht über Felchlins Gesicht, sodass er für eine Sekunde geblendet die Augen schließt.

»Und die Brotherhood schweigt dazu.«

»Du glaubst also auch, dass die Gang auf die Leichen gestoßen ist?«

»Todsicher. Die Brüder schweigen, weil sie nicht wollen, dass man ihr Versteck entdeckt. Sonst wäre hier sogleich der Teufel los gewesen – Behörden, Leichenschauer, die Garda, die Presse, Souvenirjäger, alle.«

Felchlin pflichtet ihm bei. Die Typen haben wohl nicht einmal nachgesehen, was in den Tüchern steckt, so unberührt sehen die Bündel aus. Überhaupt – die Sorgfalt, mit der sie aufgeschichtet wurden; was für ein Kontrast zum Verbrechen an den Kindern und ihren Müttern. Hat hier jemand unter Gewissensbissen gelitten?

Wieder gleitet Felchlins Lichtstrahl über das tote Baby.

»Sag mal, warum sind die Leichen nicht verwest?«

»Vielleicht wegen des Klimas hier? In Dublin gibt es eine Krypta voll mumifizierter Leichen, St. Michan's. Das Klima im Untergrund hat sie bewahrt. Als Junge habe ich die Kirche mit meinen Eltern besucht. Auf einer Ghosttour. Hat Spaß gemacht, damals –«

Patrick bricht ab.

Felchlin betrachtet die winzige Mumie. Wie alt mag das kleine Mädchen geworden sein? Zwei, höchstens drei Monate. Vielleicht verhungerte es, weil die Brüste seiner Mutter nicht genügend Muttermilch hergaben. Oder es starb an einer ganz banalen Krankheit oder wegen Mangelernährung. Die Gottesleute ließen die Kleinen eingehen und sterben, weil ihre Mütter keinen Trauschein besaßen. Ein in Sünde empfangenes und geborenes Kind – für die Kirche »unwertes Leben«. Wie viele der jungen Frauen waren vergewaltigt oder missbraucht worden? Oder hatten in der ersten Verliebtheit ihrem Begehren nachgegeben – oder dem Drängen des ersten Liebhabers, der nichts zu befürchten hatte? Ungeschützt, denn Verhütungsmittel waren bis vor Kurzem in Irland verboten. Hingegen ließ die Kirche zu, dass sich ihre Priester an Tausenden von Kindern und Jugendlichen vergriffen, und schaute immer weg. Bis heute. Bis zu Deirdre.

Was für eine unfassbar heuchlerische und verlogene Institution –

Felchlins Lichtkegel gleitet über Hunderte aufgeschichteter Kinderleichen. Kinderstimmen. Weinende Kleinkinder, sagte der Saxofonvermieter, ohne dass jemand irgendwo Kinder sah. Wegen der Stimmen weinender Babys wollten die Einheimischen nicht mehr für Kavanagh arbeiten. Hängen diese Gerüchte mit den toten Kindern zusammen? Wussten die Leute in der Region etwas über das Leiden der Säuglinge und Mütter im Heim? Nichts Genaues, aber genug, damit alles zu unwirklichen Geschichten gerann? Die überall weitererzählt wurden, wie die Geisterstorys?

Etwas drückt in seiner Brust wie ein Felsen, einen Augenblick lang bekommt er kaum Luft. Er dreht sich zu Patrick, der die Bündel bewegungslos anstarrt.

»Patrick – dies übersteigt mein Fassungsvermögen. Ich glaube, ich war in meinem Leben noch nie so hilflos. Und gleichzeitig so wütend.«

»Mir geht es ähnlich – ich bin fassungslos. *Poor babies. Poor, poor mums.* Gehen wir. Ich habe genug gesehen.«

Sorgfältig schlägt Felchlin das Tuch über den Leichnam und schiebt die Zipfel unter das Körperchen. Es ist leicht wie ein Vogel.

22

Schweigend laufen sie durch das Fastdunkel zurück. Kurz vor der Waffenkammer stoppt Patrick abrupt und hebt die Hand. Auch Felchlin hat etwas gehört. Männerstimmen, aus der Eingangshöhle. Sie lauschen, Patricks Mund legt sich an Felchlins Ohr.

»*I think it's two of them.* Komm, wir ziehen uns hinter die letzte Biegung zurück.«

Sobald sie sicher sind, dass sie niemand hören kann, halten sie an.

»Wir haben zwei Möglichkeiten.« Patricks Stimme klingt entschlossen. Trotz der grausigen Entdeckung scheint er den Tritt wieder gefunden zu haben.

»Entweder wir warten, bis sie weg sind. Das kann dauern, und dazu habe ich wenig Lust. Oder wir locken sie in eine Falle. Was hältst du von Mann gegen Mann?«

»Ich mag Nahkämpfe, besonders mit so viel Wut im Bauch. Und ich bin recht gut darin. Was, wenn sie bewaffnet sind?«

»Ich habe meine Dienstwaffe dabei und sichere dich. Der Überraschungseffekt gibt uns einen Riesenvorteil. Auch Handschellen habe ich im Rucksack.«

Felchlin pfeift anerkennend durch die Zähne.

»*Once policeman, always policeman*«, gibt Patrick zurück, »sogar an freien Tagen.«

Sie besprechen ihre Taktik, sind sich rasch einig. O'Driscoll steckt die Waffe in den Gürtel, reicht Felchlin Handschellen und stopft zwei weitere Paare sowie Kabelbinder in seine Hosentaschen.

Lautlos nähern sie sich wieder dem Durchgang zur Versammlungshöhle. Dort ist es vollkommen still. Sind die Typen gegangen? Felchlin schaut im Halbdunkel zu Patrick, der hebt die Achseln und macht ein Handzeichen. Felchlin stellt sich auf die eine Seite des Durchgangs, Patrick auf die andere. Eine, zwei Minuten verrinnen.

Wieder sind Stimmen zu hören, die sich nähern. Die eine, hellere, passt zu einem jüngeren Mann, die andere, roh und heiser, klingt älter. Der Jüngere keucht, man hört ihn fluchen, darauf fällt etwas Metallisches schwer auf den Boden.

»Bleeding heavy! Now I need a beer«, sagt er, noch immer außer Atem.

»Wimp! Can't even carry fucking fishing rods without whining!« Dies war der andere Mann. Statt einer Antwort bricht der Jüngere in schepperndes Lachen aus. Seltsame Angelruten schleppen die herbei, denkt Felchlin. Den Geräuschen entnehmen sie, dass die Männer Bierflaschen öffnen und gegeneinanderstoßen, Glas scheppert auf Glas. Der Jüngere seufzt ein paarmal, der Rohe rülpst hemmungslos.

Patrick gibt Felchlin ein Zeichen und hebt eine Handvoll Kies vom Boden auf. Mit der rechten Hand zieht er die Waffe aus dem Gürtel. Felchlin tut einen Schritt zurück, geht leicht in die Knie. Er nickt Patrick zu. Der wirft die Kiesel hoch, sie prasseln auf den Boden.

»What the devil«, ruft der Jüngere. *»It's not them fucking rats again?«*

»Go, check!«, befiehlt der Heisere.

Sie hören eine Bierkiste rücken, tappende Schritte kommen näher. Der Lichteinfall verfinstert sich, ein massiger Einsneunzig-Mann schiebt sich durch den Durchgang. Felchlin wartet, bis er ihm die Vorderseite zuwendet, und schlägt dem Nichtsahnenden die geballte Rechte in den Magen. Mit einem rasselnden Laut atmet der Hüne aus und kippt nach vorn. Felchlin setzt eine nach, trifft ihn punktgenau unter dem linken Ohr. Ein dumpfes Stöhnen und der Mann fällt wie ein

Sack Kartoffeln zu Boden. Felchlin stößt ihn mit dem Fuß an. Er bewegt sich nicht. Für eine Weile sollte er Ruhe geben.

»Brian, what the fuck are you up to?« Der Heisere klingt verärgert.

Patrick hat die Waffe entsichert und steht bereit, Felchlin tastet nach den Handschellen. Der Mann am Boden rührt sich nicht.

»Brian?« Die Stimme ist jetzt misstrauisch, drohend. Ahnt er etwas? Felchlin hört ein Geräusch wie das Zurren eines Reißverschlusses, ein metallisches Klicken. In diesem Augenblick schnellt Patrick mit erhobener Waffe aus der Deckung.

»Freeze! Hands up!«

Schwer fällt etwas zu Boden, gefolgt von unterdrücktem Fluchen. Brian liegt noch immer unbeweglich, Felchlin kann es wagen. Mit zwei Sprüngen ist er aus der Deckung und in der Versammlungshöhle. Ein drahtiger, eher schmächtiger Mann steht mit erhobenen Händen vor O'Driscoll, dessen Waffe zielt auf seinen Kopf. Vor dem Typen liegt eine halb automatische Waffe auf dem Boden, daneben zwei Segeltuchhüllen, wie Fischer sie für ihre Angelruten verwenden. Genau wie die auf dem Pick-up. Eine Hülle steht offen.

»Hands behind your back!«, schreit Patrick.

Weil der Drahtige dem Befehl nicht sogleich nachkommt, geht Patrick einen Schritt näher. Fluchend senkt der Mann die Arme. Felchlin reißt sie hinter seinen Rücken, die Handschellen schnappen um die Handgelenke. *»Sit down!«*, herrscht Patrick den Gefesselten an und wirft Felchlin ein zweites Paar Handschellen zu.

Schon steht Felchlin wieder in der angrenzenden Höhle. In der Zwischenzeit ist Brian zu sich gekommen. Er stöhnt wie eine Gebärende in den Wehen und versucht aufzustehen.

»Lie on your front, hands behind your back!«, fährt ihn Felchlin an. Dabei stößt er ihn unsanft mit dem Fuß in die

Seite, fischt das Smartphone des Hünen aus der Hosentasche. Brian reagiert mit einem weinerlichen Laut.

»On your belly and hands behind your back!«, wiederholt Felchlin scharf. Wimmernd wälzt sich der Mann auf den Bauch, schiebt die fetten Arme auf den Rücken. Wieder schnappen Handschellen ein.

Felchlin lässt Brian liegen und eilt zurück in die Haupthöhle. Inzwischen hat Patrick die Beine des Hageren mit Kabelbindern gefesselt und sein Smartphone an sich genommen. Ein hasserfüllter Blick durchbohrt Felchlin. Im Tageslicht, das durch den Eingang auf das Gesicht des Gefesselten fällt, erkennt er den Mann. Es ist der Lederjackentyp aus dem dunkelblauen Ford. Mit den hageren und verzerrten Zügen wirkt er fanatisch, ein wahrer Anführertyp. Gut möglich, dass sie hier den Kopf der Gang geschnappt haben, verantwortlich für die Schmiererei, die Schlachtabfälle. Für das Waffenlager und die Hassbotschaften auf den Plakaten. Für die fremdenfeindlichen Angriffe.

Mit Sicherheit hat ihn der Mann erkannt. Mit zusammengekniffenen Augen starrt er Felchlin an, schnellt überraschend nach vorn und spuckt ihm vor die Füße. Reglos beobachtet Felchlin, wie die Spucke in den Boden einzieht.

Patrick reagiert umso heftiger: *»Dare again, and I'll kick your teeth out!«*

Ein böses Grinsen ist die Antwort. Trotzdem wagt er keinen zweiten Angriff.

Felchlin läuft nach hinten, wo Brian leise jammernd auf dem Boden sitzt. Er heißt ihn aufstehen und stößt ihn vor sich her in die Versammlungshöhle. Patrick befiehlt den Männern, sich Rücken an Rücken zu setzen. Sie fesseln beider Oberarme mit Kabelbindern aneinander und sichern die Beine des greinenden Jüngeren. Für einen Augenblick verliert der Ältere die Nerven. Mit dem Hinterkopf schlägt er hart gegen den Nacken des Jüngeren.

»Shut your fucking gob, you sissy!«, zischt er.

Breitbeinig stellt sich Patrick vor die Gefesselten und zückt den Polizeiausweis.

»Ihr seid vorläufig wegen illegalem Waffenbesitz festgenommen. Gut möglich, dass weitere Anklagepunkte dazukommen. Die Garda wird euch abholen, auf den Posten bringen und einem Haftrichter vorführen. Ihr habt das Recht, bei den Vernehmungen zu schweigen. Gute Mitarbeit kann das Strafmaß beeinflussen.«

Ohne eine Reaktion abzuwarten, wendet er sich ab. Mit dem Rücken zu den beiden durchsucht er die Segeltuchhüllen. Acht Gewehre hätten das Arsenal ergänzt.

»Vielleicht liegt unten noch mehr«, sagt Patrick leise zu Felchlin und weist mit dem Kinn nach draußen. »Schauen wir nach.«

Sie klettern über die Steinblöcke vor dem Eingang und laufen zur Anlegestelle hinunter. Wie erwartet liegt die »Sea Wave« gut vertäut am Ufer.

Den Heiseren habe er schon gesehen, sagt Felchlin. »Am Tag unserer Ankunft, als wir vor dem Tor auf den Schlüssel warteten. Er steuerte einen dunkelblauen Ford. Und später sah ich ihn unten am Pier, als er und seine Kumpel das Boot mit Waffen beluden.«

Sie klettern über die Reling und vergewissern sich, dass nichts Verdächtiges mehr an Bord liegt. Patrick hält das Smartphone ans Ohr.

»*Tom, it's me, Patrick.* – Ja, stell dir vor, ich arbeite an meinem freien Tag. – Ich weiß, ich bin verrückt. *Now seriously.* Biete sofort zwei weitere Leute und jemanden von der Spurensicherung auf. – Und Ralph soll das Boot flottmachen. – Nein, kein Arzt, aber ein Fotograf. – Lieber nicht Stella, die kippt um, Keith wäre mir lieber. – Zur Barboge-Höhle. – Du hast richtig gehört, Barboge, möglichst rasch. – Keine Spur von verrammelt. – Rechtsextreme, mit Waffenlager. Und noch viel mehr. Ihr seid sprachlos, wenn ihr das hier seht. Riesenkiste. Zwei Riesenkisten, um genau zu sein, und sie haben nichts miteinander zu tun. – Ich und der *Swiss guy*. – Genau, der. – Wenn du Mackie über den Weg läufst, kannst du schon was von Barboge fallen lassen. – Okay, wir warten hier an der Anlegestelle. – Eine Stunde, höchstens anderthalb, okay? – *See you, Tom.* Moment, warte noch. Ist Ronny im Haus? – Gibst du ihn mir? – *Thanks*, und bis bald. – *Hello*, Ronny, was gibt's Neues? – *Oh, fuck.* – Ahnt er etwas? – *I see*, dann bin ich dabei. – Morgen um acht Uhr in meinem Büro? *Okay, see you, Ronny.*«

Patrick steckt das iPhone ein.

»Der Priester war heute Nachmittag wieder weg. Die Elf-Uhr-Messe morgen hält er jedoch ab. Ronny hat es von der Haushälterin erfahren, er hat sie unter einem Vorwand angerufen. Nun, den Kerl kriegen wir so oder so.«

Verrückt, die Überwachung, der Priester und Deirdre, das war ja auch heute, denkt Felchlin. Was für ein wahnsinniger Tag! Sämtliche Erfolgsgötter der Polizei scheinen über Südirland versammelt. Wenn sie bloß bis morgen ausharren. Beim Gedanken an Deirdre und den Pfaffen zieht sich sein Magen zusammen.

Aus der Höhle dringen wütende Stimmen, ein Schwall von Schimpfwörtern.

»Sollen die sich doch gegenseitig die Köpfe einschlagen«, grinst Patrick und fischt zwei Sandwiches aus seinem Rucksack. In der Höhle holt er zwei Flaschen Bier. Felchlin sucht sich einen bequemen Stein und ruft Carla an.

»Endlich«, sagt Carla, »ich habe mir schon Gedanken gemacht.« Den Kindern gehe es prima, sie seien mit Kofferpacken beschäftigt, und jetzt wolle sie hören. Felchlin gibt sich Mühe, eine Kurzfassung hinzukriegen. Den Priester in

Echtzeit beim Missbrauch zu beobachten und gleichzeitig zu filmen, ein Versammlungslokal von Rechtsextremen samt Waffenarsenal und Hunderte von Babyleichen in einer Höhle zu entdecken, als Schlusspunkt zwei Bandenmitglieder zu schnappen – das sei eindeutig übertrieben, findet Carla nach einem Moment des Schweigens.

»So richtig begreife ich es nicht, du musst mir später alles noch mal in Ruhe erzählen. Diese toten Kinder – das ist ja ungeheuerlich. Und morgen wollen sie den Priester und die Mutter schnappen? Bist du dabei?«

»Keine Ahnung, ob das offiziell geht. Vielleicht würde es Deirdre helfen, wenn sie unter lauter fremden Gesichtern zumindest mich kennt. Mal sehen, was die Garda dazu meint.«

Carla wechselt das Thema, Severin habe heute schwimmen gelernt – fünf Züge ohne Schwimmhilfe! Er sei stolz wie ein Maikäfer und erzähle es immer wieder. Sie beenden das Gespräch, Felchlin registriert Patricks neugierigen Blick.

»*Funny language, Swiss German.* War das deine Freundin?«

»Ja, so etwas Ähnliches«, antwortet Felchlin und hofft, Patrick sieht ihm die Verlegenheit nicht an. Schweigend kauen sie die Sandwiches und trinken die Bierflaschen leer. Die Sonne wärmt, Wellen plätschern sachte gegen das Ufer. Wenn die streitenden Männer in der Höhle endlich schwiegen und die toten Kinder nicht vor seinen Augen stünden, wäre hier der friedlichste Ort der Welt. Gern würde Felchlin jetzt eine Zigarette rauchen.

»Ich schwimme eine Runde, bevor Tom mit seinen Leuten eintrifft. Schließlich ist heute mein freier Tag.«

Ohne zu zögern, streift Patrick die Kleider ab, watet nackt ins seichte Wasser und wirft sich in die Wellen. Eine gute Idee, findet Felchlin und tut es ihm gleich. Das Wasser ist kälter als in Kavanaghs See, aber kristallklar und wunderbar belebend.

Er krault weit aus der Bucht hinaus, lässt sich eine Weile auf dem Rücken treiben und hört dem Geschrei der Möwen zu, die über der Steilküste kreisen.

Danach legt er sich neben Patrick auf die sonnenerhitzten Steine und lässt sich von der Wärme trocknen. Kaum zu fassen, wie nahe beisammen Genuss und Schrecken liegen. Dass gelegentlich ein Schwall wüster Flüche aus der Höhle dringt, während Patrick friedlich daliegt und leise schnarcht, vertieft das Unwirkliche des Moments.

Das tiefe Brummen eines Schiffsmotors weckt Patrick, sie ziehen sich an. Das Boot der Garda legt neben der »Sea Wave« an, einer nach dem anderen klettern die Polizisten an Land. Felchlin begrüßt Tom Dermott und Alice Killeen, Patrick stellt ihm den Polizeifotografen Keith O'Shea, Robert Deasy von der Spurensicherung und den Bootsführer Ralph McCormick vor.

Als ranghöchster Polizist übernimmt Patrick die Führung. Mit knappen Sätzen schildert er, was Felchlin und er im vorderen Höhlenbereich vorgefunden haben. Vorerst gehe es um die Situations- und Spurenaufnahme in Versammlungshöhle und Waffenarsenal, danach würden sie die Höhle räumen und Fahnen, Waffen und die zwei Festgenommenen aufs Boot bringen.

Patrick legt eine bedeutungsvolle Pause ein.

»Wenn das erledigt ist, folgt der zweite Teil. Dagegen ist der erste Peanuts. Ihr habt doch alle von der Ordensgemeinschaft in Tuam, County Galway, gehört, vor einem Jahr? Von den fast achthundert Kinderleichen, die man in Kellern und Abwassergruben gefunden hat? Ja? Gut. Oder vielmehr schlecht. Dann macht euch auf etwas gefasst. Mein Schweizer Kollege und ich sind weiter hinten in der Höhle ebenfalls auf Kinderleichen gestoßen. – Ja, ihr habt richtig gehört.«

Alice Killeen hat beim Zuhören eine Hand vor den Mund

geschlagen, durch die Reihe der Polizisten, die vorher ruhig standen, läuft Bewegung wie eine heftige Welle. Alle sehen sich an, der Fotograf streicht nervös das Haar aus der Stirn. Er ist der Erste, der etwas sagt.

»Du meinst, wir gehen uns das anschauen und ich mache Fotos? Sobald wir das veröffentlichen, Leute, gibt das eine Riesenkiste! Ich erinnere mich gut, wie es nach Tuam lief.«

»Keine Frage. Ob wir wollen oder nicht, wir produzieren Schlagzeilen. Und die Kirche erst recht.«

Patrick macht eine kurze Pause, schaut in die Runde. Felchlin ist von Patricks natürlicher Autorität beeindruckt. Vor seinem Team wirkt er überzeugend, verlässlich. Einen wie ihn hätte ich gerne in meinem Trupp, fährt ihm durch den Kopf.

Mit wenigen Worten teilt Patrick den Polizisten ihre Aufgaben zu. Zuletzt wendet er sich an Felchlin.

»Ist es okay, wenn du mit Alice die Fahnen und Poster abräumst? Mehr solltest du nicht tun. Fürs Grobe sind wir zuständig.«

Felchlin läuft hinter den anderen den Zugangspfad hoch. Mit einer Flut von Schimpfwörtern kommentiert der Lederjackentyp den Auftritt und die Arbeit des Fotografen und der Gardaí. Eine Stunde später sind Versammlungshöhle und Waffenlager durchsucht und leer geräumt. Brian und der Heisere hocken gefesselt im Polizeiboot, neben ihnen stapeln sich Waffen, Munition, Flaggen, Poster und Wimpel. Ralph bleibt als Aufpasser an Bord, für den Rest der Truppe wird es Zeit für den hinteren Teil der Höhle.

Von Ralph erbittet sich Felchlin eine Zigarette und das Feuerzeug. Er setzt sich auf einen Stein und zündet die Zigarette an. Langsam raucht er sie zu Ende und blickt dem Rauch hinterher, ohne viel zu denken. Er fühlt sich erschöpft wie seit Langem nicht mehr.

23

Trotz der Anstrengungen des Tages schläft Felchlin schlecht. Zum dritten Mal schon steht er auf, tastet sich auf nackten Füßen zum Klo und zurück ins Zimmer, schüttelt das Kopfkissen auf und legt sich wieder hin. Das Bett ist bequem, keine störenden Geräusche nerven, todmüde ist er auch. Nur schlafen kann er nicht. Hat es mit den Ereignissen des vergangenen Tages und Abends zu tun oder mit Carla? Weil es die letzte Nacht hier im Haus ist? Mit allem?

Nach dem Abendessen wollten sie nicht über die toten Babys sprechen, jedenfalls nicht in Gegenwart der Kinder. Bis Lukas und Chloë in ihrem Zimmer verschwunden waren, dauerte es lange. Felchlin beschloss, sich ebenfalls schlafen zu legen. Als er aus dem Badezimmer kam, stand Carla in einem blauen Kimono im Korridor.

»Bevor du abtauchst – darf ich einen Moment zu dir kommen?«, fragte sie leise. Nebeneinander setzten sie sich aufs Bett. Carla zog die Beine hoch und umfasste sie mit den Armen, Felchlin erzählte.

Auch für Carla war neu und schockierend, dass man vor einem Jahr in Tuam fast achthundert Kinderleichen ausgegraben hatte. Um mehr zu erfahren, holte Felchlin das Tablet. Außer einem Eintrag auf Wikipedia fanden sie Presseartikel aus irischen und amerikanischen Medien. Felchlin übersetzte für Carla die wichtigsten Passagen.

»Die Ordensgemeinschaft in Tuam betrieb die Mutter-Kind-Einrichtung von 1925 bis 1961, danach wurde sie geschlossen. Bei den Untersuchungen der Kinderleichen fiel die hohe Anzahl sehr jung verstorbener Kinder auf. Dies lässt auf grobe Vernachlässigung sowie Mangel- und Fehlernährung schließen. Denn für die Ordensleute waren die Babys Kinder von Sünderinnen und somit zweit- oder drittklassig. Die Nonnen registrierten jeden der etwa achthundert Todesfälle mit Namen, Geburts- und Todesdatum, außerdem notierten sie die Todesursachen, die typischerweise Masern, Tuberkulose, Lungenentzündung, Fehlernährung, Durchfall und Krampfanfall lauteten. Keines der Kinder wurde im lokalen Grabregister vermerkt, ein Hinweis für die Ermittler, dass das klösterliche Heim sie nie ordentlich beigesetzt hat. Diese Mütter konnten nie das Grab ihres Kindes besuchen, weil kein Grab existierte. Ein Ende des schlimmen Kapitels ist nicht in Sicht. Denn bis zu zwölf weitere Einrichtungen des Ordens in Grafschaften von Mayo bis Cork werden verdächtigt, bis in die sechziger Jahre die Kinder unverheirateter Mütter vernachlässigt und nach ihrem Tod irgendwo verscharrt zu haben. Ohne Registrierung, ohne Bestattung und ohne gekennzeichnete Grabstätte. Wahrscheinlich zum Ausgleich begruben die Kirchenleute dafür ihre Katzen, mit Grabstein und Inschrift und allem«, fügte Felchlin sarkastisch an.

Carla stützte das Kinn auf die Knie.

»Wahnsinn. Meinst du nicht, dass die Leute hier in der Gegend von der Höhle wussten? Oder zumindest etwas ahnten? Jemand hat doch weinende Kinder erwähnt, die man angeblich hörte, aber die keiner je sah.«

»Das ist mir auch durch den Kopf gegangen. Der Saxofonverleiher hat so etwas erzählt. Und Patrick O'Driscoll erwähnte Spukgeschichten, mit denen ihn seine Mutter vor dem See warnte. Auch Kavanaghs Reaktion, als ich ihn auf die Gerüchte ansprach, war seltsam.«

Sie schwiegen lange.

»Glaub mir, nach diesen Ferien bin ich eine andere. Zumindest, was das Vertrauen in die Kirche betrifft.«

Felchlin zögerte lange, bevor er seine Hand auf Carlas Arm legte.

»Und was deine Beziehung zu mir anbelangt – hat sich da etwas geändert?«

Weil Carla nicht antwortete, hielt er es nicht mehr aus.

»Vielleicht sollte ich es nicht sagen – aber du weißt es ja ohnehin. Ich – ich bin ziemlich verrückt nach dir.«

Carla löste ihre Arme und lehnte sich gegen ihn.

»Ich mag dich sehr, Markus. Du bist etwas vom Besten in meinem Leben, besonders seit diesen Ferien. Auch im Bett ist es gut mit dir. Und es gibt keinen anderen Mann. Trotzdem – ich kann es nicht erklären. Ich brauche mehr Zeit. Viel Raum. Es ist einfach so. Ich muss dir das sagen, sonst wäre ich nicht ehrlich mit dir.«

Was er hörte, kam nicht wirklich überraschend. Trotzdem löste es bei Felchlin das schmerzhafte Zusammenziehen des Magens aus, das er von früher kannte. Selbst schuld, Mann, weshalb fragst du überhaupt? Die körperliche Reaktion ließ allmählich nach, ein paar Atemzüge später fühlte er sich besser. Was hatte Carla gesagt – etwas vom Besten in ihrem Leben? Sie drehte den Kopf und blickte ihn mit ihren klaren Augen an, lächelte. Mit einer fließenden Bewegung glitt sie vom Bett, ließ den Kimono von den Schultern fallen und stand in BH und Höschen da. Mit langsamen Fingern öffnete sie den BH.

Sie liebten sich, wortlos, im Stehen, an die Wand gelehnt, später auf dem Bett. Bevor sie in ihr Zimmer zurückhuschte, fasste Carla seine Schultern und streckte die Arme durch.

»Vielleicht können wir so etwas leben. Etwas mit Nähe – und Distanz. Und allem dazwischen. Vielleicht ist das möglich. Und jetzt schlaf wohl.«

Als Felchlin das nächste Mal auf die Uhr schaut, ist es kurz vor sieben. Irgendwann konnte er doch wieder einschlafen. Er schiebt die Arme unter den Kopf und denkt an Carlas Worte. Nähe und Distanz. Grundthema in allen Beziehungen. Weder mit Laura noch mit Katrin hat er die Balance geschafft. Laura und er, wild verliebt, verbissen sich in zu viel Nähe, was beide auf die Dauer nicht aushielten. Katrin rieb sich an zu viel Distanz und machte ihm Vorwürfe, wegen der Entfernung zwischen Zürich und Bern, wegen seiner beruflichen Belastung, die ihn stark absorbierte, und weil sie seine Kinder als Konkurrenten empfand. Und mit Carla, kann das funktionieren?

Der Gedanke an Carla, ein Zimmer weiter, an ihre Zärtlichkeit und Leidenschaft und daran, was sie zum Abschied sagte, wirkt wie pures Adrenalin. Eine Welle aus Energie und Kraft läuft durch seinen Körper. Als ob das Leben einen nie gekannten Glanz überstreift und ihm lächelnd zuwinkt. Unter der Dusche nimmt er sich vor, seine Erwartungen zu mäßigen. Könnte ihre Beziehung nicht wie ein Band zwischen ihnen sein, zart und elastisch wie Spinnweben, das sie im Wechsel nahe verbindet und wieder auseinanderdriften lässt?

Felchlin sieht sein braun gebranntes Gesicht im Spiegel und fährt mit den Fingern durch die Haare. Einen Moment lang lässt er die Frage zu, wie schwierig das werden könnte. Ist es reines Wunschdenken, dass so etwas auf die Dauer funktioniert?

Er wird es herausfinden. Und tausendmal lieber so, als dass gar nichts passiert wäre. Entschlossen schlüpft er in Hemd und Jeans.

24

Das Programm für den Vormittag steht fest. Koffer und Taschen fertig packen, zum letzten Mal im Freien frühstücken, den Ford Transit beladen, ein allerletztes Mal durch die Zimmer gehen und überprüfen, dass nichts vergessen wird.

Schon während sie das Gepäck zum Auto schleppen, hupt ein Lieferwagen vor dem Tor. »Larry O'Donnell Ltd., Certified Plumbers« begehren Einlass. Vor den neugierigen Augen der Kinder laden zwei Arbeiter in blauen Überkleidern Werkzeugkisten, Pickel, Schaufeln und einen Schlaghammer aus. Die freundlichen Installateure sind redselig, anders als der Maler vor einigen Tagen. Bevor sie ihre Werkzeuge ins Haus tragen, reißen sie ein paar Witze über verstopfte Abläufe und lecke Dachrinnen, die auch Felchlin nur mit Glück und Intuition versteht.

Zum Abschied stellen sich alle an den Zaun. Chloë lockt die Pferde herbei, alle streicheln ihre Nüstern und klopfen die staubigen Hälse. Severin weint ein bisschen, weil er weder Pferde noch Esel mitnehmen kann. Zum Glück erinnert ihn Chloë an den Hund, der bestimmt schon auf sie wartet. Wie ein Pfeil rennt der Kleine zum Auto und klettert ungeduldig auf den Rücksitz.

Das Old Mill Hotel ist eher eine Art Lodge als ein konventionelles Hotel, unkompliziert und kinderfreundlich, mit einem sympathischen Besitzerpaar, einem Spielplatz, einem Ponystall, dem zottigen Hund und drei Katzen. Die Katzen versetzen Chloë in einen Glücksrausch. Sie und Severin nehmen sich kaum Zeit für den Lunch, weil gefühlt alle drei Minuten eine Mieze vorüberpfötelt und sie vom Essen weglockt. Dass die Zimmer eher klein sind und Carla auf der oberen Etage eines Doppelstockbetts schläft, weil Severin aus dem Bett fallen könnte, stört niemanden.

Beim Lunch freundet sich Lukas mit Sean Conolly an, einem gleichaltrigen Jungen aus Dublin, und seiner Schwester Moira. Wie Lukas liest Sean gern Stephen King, spielt »The Secret of Monkey Island« und interessiert sich für Lukas' Anglerkünste. Für den Nachmittag ist ein begleiteter Ausritt auf den Ponys angesagt. Ein paar Minuten lang ist Chloë untröstlich, weil sie die Reithosen nicht dabeihat und ohne Reithosen gar nichts geht. Dann vergisst sie es und freut sich auf das Abenteuer.

Felchlin ist erleichtert, die Kinder und Carla werden ihn nachmittags kaum vermissen. Am Vormittag hat ihn die Sozialarbeiterin der Kinderschutzbehörde angerufen. Seine Anwesenheit beim Institut würde Deirdre beruhigen, sei er doch der Einzige, den sie kenne. Wenn er heute Nachmittag mitfahren könnte, wäre das hilfreich für sie. Mit den Vorgesetzten sei es so abgesprochen. Mit leicht schlechtem Gewissen sagte Felchlin zu.

Um zwei Uhr meldet er sich auf der Polizeiwache. Das Pult des Vorgesetzten hinter der Glasscheibe ist heute leer. Außer Patrick O'Driscoll, Ronny Tyrrell und Alice Killeen sitzt eine Frau in Zivil am Besprechungstisch, vor allen die obligaten Teetassen. Patrick stellt Susan Quigley vor, sie und Felchlin hätten vormittags miteinander telefoniert. Die Beamtin der Kinderschutzbehörde ist eine etwa vierzigjährige Frau mit braunen schulterlangen Haaren, wachen Augen und weichem irischen Akzent. Felchlin verzichtet auf den angebotenen Tee, Patrick erläutert den geplanten Ablauf.

»Ronny fährt mit mir, wir knöpfen uns den Priester vor. Alice und Markus, ihr fahrt in Susans Wagen und kümmert euch um die Mutter und Deirdre. Alice leitet eure Gruppe. Noch irgendwelche Fragen?«

Im Korridor stoßen sie auf Superintendent McAleese, der eben hastig und mit rotem Kopf ein Büro verlässt. Felchlin fängt seinen Blick auf und kann ihn nur halb deuten. Wut, Verunsicherung, Trotz? Mit Sicherheit weiß der Vorgesetzte von der Barboge-Exkursion, die er verzögern oder gar verhindern wollte.

»Wir sind dann mal weg, Chef«, informiert ihn Patrick knapp.

Der Superintendent antwortet mit undefinierbarem Knurren und eilt weiter. Auf dem Weg zum Parkplatz nimmt Patrick Felchlin zur Seite.

»Der Assistant Commissioner ist im Haus, unser Regionsvorgesetzter aus Cork. Heute früh um neun Uhr eingetroffen. Nur logisch, nach der Entdeckung gestern, sie schlägt hohe Wellen. Wenn ich an Mackies Gesicht denke, haben sie bestimmt nicht nur die Pressekonferenz zu den toten Babys besprochen. Möglicherweise wird es eine interne Untersuchung geben. Das meinen zumindest die Gerüchte. Warum und wie die Irish Brotherhood hier so lange ungestört agieren konnte.«

»Du meinst, für McAleese könnte es unangenehm werden?«

»Man hat offenbar Signale aufgefangen, dass zwischen rechtsextremen Gangs im UK und Irland gerade mehr als üblich läuft.«

Sie holen die anderen ein, und Patrick bricht ab. Einen Augenblick fragt sich Felchlin, ob die Gardaí, um weniger aufzufallen, nicht besser ein Privatauto statt des Polizeiwagens benutzen sollten. Aber er ist hier nicht Kommandant und muss den Mund halten.

Alice übernimmt das Steuer von Susans Wagen, Felchlin setzt sich auf Susans Wunsch neben sie auf den Rücksitz.

»Interessiert Sie, was wir über Deirdre und ihre Mutter herausgefunden haben?«

»Also ist die Frau wirklich die Mutter?«

»So ist es. Nicht überraschend verlief Sarah Keales bisheriges Leben holprig, *to say the least*. Sie stammt aus Cork, die Eltern waren von den sozialen Diensten abhängig, der Vater Alkoholiker und meistens arbeitslos. Sarah brach die Mittelschule ab und geriet in Drogenkreise. Ein paar Monate saß sie in Cork wegen Diebstahl und Drogenhandel in Haft. Nach der Entlassung kümmerte sich eine kirchliche Organisation um sie und nahm sie in ihrem Heim auf, wo sie in Küche und Reinigung arbeitete. In dieser Zeit wurde sie schwanger, was im kirchlichen Umfeld kaum auf große Begeisterung stieß. Wer Deirdres Vater ist, wissen wir nicht, in den Unterlagen steht ›unbekannt‹. Als Deirdre sechs Jahre alt war, zog Sarah von Cork ins Internat Children of the Blessed Heart. Wir vermuten, dass sie einem Priester, Father Brendan, dorthin folgte. Die beiden müssen sich vom Heim in Cork gekannt haben, wo er zu ihrer Zeit als Seelsorger arbeitete. Danach wurde er als Priester ins Blessed Heart berufen. In der Folge hat er Sarah wohl zu einer Anstellung als Haushälterin verholfen. Die Haushälterinnen bei Priestern sind recht angesehen, der Lohn ist meist nicht schlecht. In welche Abhängigkeit sich Sarah mit dieser Stelle begab, können wir nur ahnen.«

Susan schweigt einen Moment und blickt zu Felchlin.

»Während das übrige Europa seit Langem viel fortschrittlicher denkt, war eine außereheliche Schwangerschaft in Irland noch bis vor wenigen Jahren ein Zustand tiefster Schande. Erst recht, wenn der Kindsvater unbekannt blieb. Die Frauen wurden als schlimme Sünderinnen gebrandmarkt. Aber das wissen Sie wahrscheinlich. Es würde mich nicht erstaunen, wenn in dieser rigiden Moral ein Schlüssel für den Missbrauch an Deirdre liegt. Father Brendan rettete Sarah aus einer schwierigen Situation und bekam dafür sozusagen freie Hand. *A tit for a tat*, sagen wir auf Englisch. Der ›tit‹ wäre ihre Tochter.

Bekanntlich scheiterte Sarahs Versuch, sich und Deirdre mit einer Anzeige bei der Polizei aus der Abhängigkeit zu befreien. Sie schaffte es nicht, leider.«

Wenn Susan ahnen würde, was in Kürze zum Thema außereheliche Schwangerschaft und Sünde an die Öffentlichkeit kommt –! Von Patrick hat Felchlin erfahren, dass die Pressekonferenz zu den Leichenfunden für den kommenden Tag angesetzt ist, alles unter größter Diskretion.

Wie denn die Begegnungen mit Deirdre abgelaufen seien, möchte Susan wissen, und welchen Eindruck sie von ihr hätten. Während Felchlin ihre Fragen beantwortet und vom Abend mit Deirdre erzählt, biegt der Polizeiwagen in die Zufahrtsstraße zum Institut ab. Alice folgt. Als sie an den Zwillingshäusern vorbeifahren, sieht Felchlin Sarahs Landrover beim Hintereingang, daneben den silberfarbenen BMW, der schon bei seiner ersten Erkundung dort stand. Fahren irische Priester BMW? Auf dem Kirchplatz parken sie neben zwei Lieferwagen, das Zuschlagen der Autotüren hallt über den Platz.

»Nach Programm sollte der Priester jetzt die Fünf-Uhr-Messe vorbereiten«, sagt Patrick leise. »Ronny und ich gehen in die Kirche, ihr kümmert euch um die Mutter und das Mädchen. Du hast die Handschellen, Alice?«

Patrick und Ronny laufen zum Kirchentor, Felchlin studiert die Zwillingshäuser. Der Garten zwischen den Häusern liegt verlassen da, im oberen Stock von Sarahs Haus steht ein Fenster offen. Der Hauseingang befindet sich hinter der Hecke, die den Vorgarten von der Zufahrtsstraße abtrennt.

»Markus, am besten gehst du zum Hinterausgang, Susan und ich melden uns an der Haustür«, ordnet Alice an.

Als die Frauen in den Vorgarten einbiegen, hört Felchlin hinter dem Haus einen Automotor starten. Er spurtet zum Abstellplatz hinauf und erkennt Deirdres Mutter am Steuer des Landrovers. Vom Rücksitz starren ihn Deirdres aufgerissene Augen an.

»*Stop, wait! Sarah, please, wait!*«, schreit er, während das Auto rückwärts aus dem Parkplatz setzt.

Der Landrover stoppt, die Gangschaltung knirscht. Mit ausgebreiteten Armen stellt sich Felchlin dem Gefährt in den Weg und sieht gleichzeitig, dass Alice an der Hausecke auftaucht. Mit aufheulendem Motor prescht der Landrover los, Kies spritzt unter den Rädern davon. Wäre Felchlin nicht mit einem Riesensatz aus dem Weg gesprungen, hätte ihn Sarah mit Sicherheit auf die Motorhaube geladen. Tief atmend hält Alice neben ihm, das Smartphone in der Hand. Sie filmt den Rover, wie er mit überhöhter Geschwindigkeit davonrast und hinter der nächsten Biegung verschwindet.

»*Good Lord*, das war knapp, ich dachte schon, sie würde dich erwischen«, keucht Alice, während sie die Jacke auszieht und die Blusenärmel hochkrempelt. Sie tippt eine Nummer an.

»*Hi, Tom, it's Alice.* Wir sind beim Blessed Heart. Die Mobilen müssen sofort los, soeben ist die Mutter mit der Kleinen von hier geflohen. – Ja, sie hat uns wahrscheinlich bei der Ankunft beobachtet. – Landrover, älteres Modell, dunkelgrün. In einer Sekunde beame ich dir das Video mit der Nummer, okay? – In Richtung L 60. Weit kommt sie kaum. Wäre eine Straßensperre in Leap eine Idee? – Und eine Frau bei den Mobilen wäre gut, wegen des Kindes. – Ja, Susan ist noch hier. – Ist gut, *thanks,* Tom.«

Inzwischen hat es auch Susan bis zu ihnen geschafft und hört sich die Fluchtgeschichte an. Im Laufschritt rennen sie zur Kirche hinunter. Das Portal steht halb offen, eine erregte Männerstimme füllt den Kirchenraum. Father Brendan hat sich vor dem Christophorus-Altar aufgebaut, vor ihm stehen Patrick und Ronny.

Im ersten Augenblick wirkt die Szene seltsam biblisch: Ein Mann im Priestergewand, der mit erhobenen Armen und Donnerstimme eine Strafpredigt hält. Felchlin versteht halbe Sätze wie *»How dare you trespass ...«, »... injure the holiness of my office ...«, »With the support of my Bishop ...«.*

»Er zappelt wie ein Fisch an der Angel«, flüstert Alice. »Ich frage mich, wie lange es dauert, bis Paddys Geduld reißt.«

Der Priester wettert etwas von Seiner ewigen Gerechtigkeit, da tut Patrick einen Schritt auf ihn zu und schreit: »Schluss endlich, Father! Und jetzt hören Sie einmal mir zu!«

Der Priester klappt beleidigt den Mund zu. Patrick zieht das Smartphone aus der Tasche und hält es ihm vor die Augen.

»Sie wissen, was das ist, ja? Richtig, ein Mobiltelefon. Und hier drinnen steckt ein Video, mit Ihnen als Hauptdarsteller. Zweifelsfrei Sie, Father Brendan, aufgenommen gestern Vormittag, in Ihrer Sakristei. Nein, Sie haben nichts davon bemerkt, und das war Absicht. Denn Sie waren nicht allein in der Sakristei. Bei Ihnen war ein kleines Mädchen, elf Jahre alt. *Elf.* Deirdre, die Tochter Ihrer Haushälterin Sarah Keale. Das Mädchen war nicht freiwillig dort und mit absoluter Sicherheit auch nicht zum ersten Mal. Erinnern Sie sich noch, was Sie mit dem Mädchen getan haben? Sie erinnern sich nicht? Ich helfe Ihrem Gedächtnis ein wenig nach. Sie haben die Kleine festgehalten wie in einem Schraubstock und sie gezwungen, Ihren Penis zu reiben, bis zum Orgasmus. Die Kleine hatte keine Wahl. Dies ist sexueller Missbrauch einer Minderjährigen, eines Kindes, Father, und dafür kommt man ins Gefängnis. Die Strafe des Rechtsstaates, nicht Gottes Strafe. Die fällt noch mal anders aus. Und wenn Sie das alles nicht glauben, können wir uns zusammen das Video ansehen. Genauso wie der Haftrichter und später das Gericht das Video anschauen werden. Lügen nützt nichts, Sie haben keine Chance. Der Beweis ist sonnenklar. Deshalb nehmen wir Sie fest und übergeben Sie dem Haftrichter. Am besten kommen Sie jetzt brav mit auf die Wache, Widerstand ist zwecklos.«

Das war beachtlich, denkt Felchlin, Patricks sublimierte Wut in einer Intensität, die ihm einen Schauer den Rücken hinunterjagte. Fast wie auf einer Bühne, nur besser. Real. Und äußerst wirkungsvoll.

Der Priester, soeben noch großspurig auftrumpfend, steht als verwandelter Mann vor den Gardaí. Bei jedem Satz Patricks verändert sich seine Haltung, er zerrinnt förmlich, wie Sand in einer Sanduhr. Zuerst starrt er die Gardaí an, ungläubig, die Hände vor dem Schritt verkrampft, danach verliert sein Gesicht alle Farbe und zerfällt zu einer konturlosen Maske. Das Kinn sinkt auf die Brust, der ganze Mann sackt in sich zusammen. Ein wortloses Eingeständnis von Schuld, ein Bild der Scham. Felchlin hätte mehr Resistenz vermutet nach dem großschnäuzigen Auftritt vorhin und der Kaltblütigkeit, mit der er Deirdre geschändet hat.

Patrick legt ihm Handschellen an, umfasst seinen Oberarm und führt ihn widerstandslos aus der Kirche. Ronny, Alice, Susan und Felchlin folgen. Ohne sich zu wehren, lässt sich der Priester auf den Rücksitz des Polizeiautos schieben. Ronny setzt sich neben ihn, Patrick ans Steuer, sie fahren los. Auch Susan startet den Motor ihres Wagens.

»Ich mache mir Sorgen um Deirdre. Wenn die Mutter bloß keine Dummheit macht, durchdreht, die Kontrolle über den Landrover verliert –«

Weder Alice noch Felchlin geben eine Antwort.

Zum Glück stellt sich später heraus, dass Susans Sorge unbegründet war. Eine gute Stunde nachdem sie Felchlin in der Nähe des Old Mill Hotels abgesetzt hat, klingelt sein iPhone. Es ist Patrick.

»*Relax, mate.* Eine Streife hat die Mutter und das Mädchen bei Drimoleague aufgegriffen. Sie sind jetzt auf der Wache, und Susan kümmert sich um die Kleine. Heute Abend bringt sie Deirdre zu einer Pflegefamilie. Sarah und der Kinderficker sitzen in U-Haft. Hier mein Tipp: Schau dir morgen Abend die Evening News an. Nachmittags um vier ist die Pressekonferenz zu Barboge angesagt. Die Medienleute werden Schlange stehen. Für die TV-Hauptausgabe um neun reicht es.«

Felchlin dankt Patrick, und der verspricht, ihn auf dem Laufenden zu halten.

25

Für den nächsten Tag haben Seans Eltern Lukas eingeladen, mit ihnen nach Kinsale und Cork zu fahren. Felchlin freut sich darüber, wie unbefangen sich sein Sohn mit der irischen Familie unterhält, und lässt ihn gern ziehen.

Carla und er besuchen mit den jüngeren Kindern einen Erlebnispark bei Glengarriff. Neben Riesenrutschbahn, Riesentrampolin und elektrischen Miniautos, Streichelzoo, Aquarium mit Minihaien und Tiefseefischen finden die Kinder kaum Zeit für einen Hamburger und eine Cola. Auf der Rückfahrt sind sie ungewöhnlich ruhig und dösen die meiste Zeit auf dem Rücksitz. Leise unterhält sich Felchlin mit Carla über den heutigen Tag, über Lukas, über Deirdre und wie es ihr gehen mag. Ob sie die Trennung von der Mutter und den Wechsel in eine fremde Familie verkraftet. Der Gedanke an die Pressekonferenz der Garda macht Felchlin kribbelig. Was wird im TV gezeigt? Auch Aufnahmen von den Leichenbündeln? Und wie stark rückt die Irish Brotherhood in den Fokus?

Wie abgesprochen ruft er gegen halb sieben Patrick an. Die Pressekonferenz sei gut gelaufen, aber nervös sei er gewesen bei so vielen Presseleuten, bestätigt Patrick, das sehe Felchlin bald selbst.

»Bist du morgen Vormittag im Hotel? Statt des Gebräus hier auf der Wache könnte ich den Kaffee bei dir trinken. Dazu bekommst du die neusten Informationen. Wahrscheinlich auch die letzten, ihr seid ja nicht mehr lange in Irland.«

»Halb zehn, ist das gut? Du kriegst so viele Irish Coffees, wie du verträgst. Und gibst du mir Susans Telefonnummer? Meine Tochter insistiert, sie möchte Deirdre besuchen oder noch mal sehen. Keine Ahnung, ob das eine gute Idee ist. Susan weiß dazu am ehesten Rat.«

Felchlin speichert die Nummer und wünscht Patrick einen erholsamen Abend. Danach ruft er Susan an. Die Sozialarbeiterin findet Chloës Wunsch einer Überlegung wert und verspricht, mit Deirdre und der Pflegefamilie zu sprechen.

Beim Abendessen stößt Carla Felchlin unter dem Tisch mit dem Fuß an.

»Hast du gemerkt, dass sich zwischen hier und dem nächsten Tisch etwas angebahnt hat?«, flüstert sie.

Felchlin hat konzentriert eine Gräte aus dem Lachs gezupft und hebt fragend die Brauen. Carla schielt zu Lukas und Moira, ihre Augen lachen. Felchlin ist aufgefallen, dass sich sein Sohn fast dauernd mit Seans Familie am Nebentisch unterhält. Nach einem gemeinsam verbrachten Tag schien ihm das normal. Unauffällig schaut er hinüber. Wie konnte er es übersehen – es ist so offensichtlich. Die Blicke, die zwischen den beiden hin- und herfliegen, die geröteten Wangen, die witzigen Bemerkungen, das etwas zu laute Gelächter danach.

Unerwartet überschwemmt ihn Rührung wie eine Welle. Bestimmt sieht Carla seine feuchten Augen. Sein Sohn, der Träumer, zum ersten Mal verliebt! Sozusagen unter seinen Augen, und weit weg von der Mutter. Moira ist lebhaft und unaffektiert, Sommersprossen sprenkeln ihr hübsches Gesicht. Felchlin sucht Carlas Blick, sie lächeln sich zu. Zum verliebten Augenspiel der beiden Teenager gesellen sich die freundlich-wissenden Blicke der Erwachsenen, wandern von einem Tisch zum anderen und wieder zurück.

Bis zum Ende der Abendnachrichten dürfen die jüngeren Kinder noch einmal nach draußen. Chloë verspricht, gut auf Severin aufzupassen. Lukas, Moira und Sean verziehen sich ins Spielzimmer zu Darts und Tischfußball. In der Zwischenzeit hat die Nachricht von den toten Kindern die sozialen Medien geflutet. Fast alle Hotelgäste versammeln sich in der Lounge vor dem Fernseher, auch Sean und Moira Conollys Eltern. Sobald der Hauptbeitrag beginnt, wird es still.

Nach den schockierenden Entdeckungen in Tuam im vergangenen Jahr seien gestern weitere Kinderleichen entdeckt worden, diesmal in der Grafschaft Cork, kündigt die Nachrichtensprecherin an. Sie leitet zur Pressekonferenz der Garda in Skibbereen über. Das Medieninteresse ist riesig. Dicht an dicht drängen sich Presseleute und Fotografinnen in einem kleinen Saal. Die Kamera schwenkt zum Rednertisch. An einem Ende sitzt Patrick O'Driscoll, das sonst wirre Blondhaar sorgfältig gescheitelt und in Form gekämmt, neben ihm der höchste Polizist der Grafschaft, Assistant Commissioner Paul Reilly. Dass McAleese fehlt, obwohl er als Ranghöchster der lokalen Polizei eigentlich dazugehört, fällt Felchlin sofort auf. Neben Reilly haben ein Mitglied der nationalen Untersuchungskommission und der Sekretär der irischen Bischofskonferenz Platz genommen.

Reilly wird groß ins Bild geholt, ein kräftiger Mann mit rasiertem Schädel. Der Assistant Commissioner erinnert an die Funde in Tuam und an die Vermutung der Regierungskommission, man könnte bei weiteren ehemaligen Ordensinstitutionen ebenfalls auf Überreste toter Kleinkinder stoßen. Genau dies sei gestern geschehen. Zufällig und während eines anders gerichteten Einsatzes hätten Polizisten des County Cork die Leichen mehrerer hundert toter Babys und Kleinkinder entdeckt. In der Nähe befinde sich ein ehemaliges Heim für unverheiratete Mütter, der genaue Ort werde vorläufig nicht bekannt gegeben.

Von Reilly schwenkt die Kamera zu einer Serie Fotos. Der Fotograf hat ganze Arbeit geleistet, denkt Felchlin: grell ausgeleuchtet die Stoffbündel, eines neben dem nächsten, Reihe um Reihe um Reihe. Die schiere Anzahl nimmt ihm für einen

Augenblick wieder den Atem. Auf der obersten Reihe erkennt er das lose eingeschlagene Bündel des toten Mädchens.

Angesichts der Wand aus eingepackten Kinderleichen fährt es wie ein kalter Wind durch die reglos dasitzenden Hotelgäste. Ein paar Frauen schlagen die Hand vor den Mund. Eine junge Frau flüstert: »*Good Lord, forgive them.*« Jemand seufzt: »*Poor babes and mums.*« Die Männer scharren mit den Füßen, sitzen wie versteinert da oder schütteln stumm den Kopf.

Nach den Fotos rückt der Regierungsvertreter in den Mittelpunkt, ein blasser Mann, der sich nervös durchs Haar fährt. Die Regierung setze alles daran, die Vorkommnisse in den ehemaligen Ordensheimen aufzuklären und den toten Kindern und ihren Familien Gerechtigkeit – wenn leider auch späte – widerfahren zu lassen, betont er. Zur Finanzierung der Untersuchungen sowie der Kompensationszahlungen werde die Regierung auch die Kirche zur Kasse bitten.

»Gescheiter, sie hätten den Bischöfen schon früher auf die Finger geschaut, anstatt immer vor ihnen zu kuschen«, sagt eine mollige Dame halblaut zu ihrem Mann. Als hätte diese Bemerkung als Stichwort gedient, fängt die Kamera eine rothaarige TV-Interviewerin und den Sekretär der Bischofskonferenz ein.

»Was sagen Sie und Ihr Gremium zu den schrecklichen Funden?«, fragt die Frau ohne Umschweife und streckt dem Sekretär das Mikrofon vor den Mund.

Der schwarz gekleidete Herr schiebt die verrutschte Brille hoch. Wortreich beschreibt er den tiefen Schock und das aufrichtige Bedauern der Bischöfe. Die Zeiten hätten sich jedoch grundlegend geändert, so etwas sei heute völlig undenkbar. Die Rothaarige bleibt hartnäckig. Ob die Bischofskonferenz den staatlichen Untersuchern Steine in den Weg zu legen gedenke oder ihnen jetzt endlich die Archive öffne.

»Es muss alles getan werden, damit die Wahrheit ans Licht kommt. Wir müssen dazu stehen: Die Kirche hat eine Kultur aufgebaut, welche die Präsenz von Jesus in den Kleinsten und Schwächsten nicht erkannte.«

»Immerhin ein Anfang. Aber gilt das für alle Bischöfe?«, kommentiert die Mollige laut und schaut herausfordernd in die Runde.

Die allgemeine Erstarrung löst sich, einige Leute nicken und beginnen, zuerst verhalten, dann immer engagierter, miteinander zu diskutieren. Carla hört interessiert zu, bis Felchlin sie am Arm berührt.

»Es ist noch nicht zu Ende.«

Unmittelbar vor den Leichenfunden, fährt die Nachrichtensprecherin fort, habe die Garda am selben Ort ein Versteck der rechtsextremen Organisation Irish Brotherhood samt Waffenlager ausgehoben. Einen personellen oder sachlichen Zusammenhang zwischen den beiden Funden könne man zu diesem Zeitpunkt ausschließen.

Ein Foto der konfiszierten Waffen flimmert über den Bildschirm. Die Reporterin hakt bei Inspector Patrick O'Driscoll nach. Mit unbewegtem Gesicht schaut Patrick in die Kamera und antwortet, ohne zu zögern. Auf einen Tipp hin habe er mit einem Kollegen das Versteck aufgespürt, die Waffen eingesammelt und vor Ort zwei verdächtige Mitglieder der Brotherhood festgenommen. Die Kinderleichen hätten sie erst danach und rein zufällig entdeckt. Mehr lasse sich beim jetzigen Stand der Untersuchungen nicht sagen, ergänzt er, sie stünden erst am Anfang. Der Beitrag ist kurz, und Felchlin bekommt den Eindruck, dass die Garda die Brotherhood nicht allzu stark ins Licht rücken will. Damit schließt der Hauptbeitrag.

»Weiß hier jemand, dass *du* dieser Kollege bist?«, fragt Carla leise.

»Vielleicht haben es die Conollys von Lukas gehört. Wenn, dann verhalten sie sich zum Glück diskret.«

Es folgen Reportagen aus England und den USA, ein Beitrag über eine neu eröffnete psychiatrische Klinik in Dublin, die Wirtschafts- und Sportnachrichten. Die ersten Gäste erheben sich und streben der Bar zu. Für Felchlin und Carla wird es Zeit, die Kinder vom Spielplatz zu holen. Im Korridor treffen sie auf Helen und Frank Conolly.

»Dürfen wir Sie zu einem Drink einladen? Es wäre schön, nach Lukas auch Sie besser kennenzulernen.«

»Gerne, sobald wir die Jüngeren ins Bett gebracht haben«, verspricht Felchlin.

Später setzen sie sich mit zwei Gläsern Whiskey zu den Conollys.

Helen lehrt Textilkunst an einem Community College in Dublin, Frank unterrichtet als Geschichtslehrer an einem Dubliner Gymnasium. Der Small Talk ist rasch beendet, sie kommen zu den Leichenfunden.

»Ich weiß nicht, ob man bei Ihnen davon gehört hat. Aber die Entdeckung der achthundert toten Kinder in Tuam vor einem Jahr hat ganz Irland in Schock versetzt«, sagt Helen. »Obwohl es sich nachträglich herausstellte, wie viele Menschen in Tuam schon immer davon wussten, etwas ahnten oder jemanden kannten, der etwas gehört hatte. Schon vor Jahren haben angeblich Kinder mit Knochen und Schädeln gespielt, die sie irgendwo ausgebuddelt hatten. Passiert ist danach genau nichts, Schwamm und Schweigen und Erde drüber. Bis sich eine mutige Frau durchsetzte und diese Grabungen veranlasste. *And now again, right here, in County Cork.*«

»Was hatte es mit den kirchlichen Heimen auf sich, in die man unverheiratete Mütter steckte? Für mich klingt das wie brutalstes Mittelalter«, fragt Carla.

Helen schaut zu ihrem Mann. »*You are the historian,*

Frank. Kannst du dieses Elend in weniger als einer Stunde zusammenfassen?«

»Schwierige Aufgabe«, meint Frank und fischt eine Cocktailkirsche aus seinem Drink, »aber ich versuche es.« Er zerkaut die Frucht und schluckt sie hinunter. »Solche Einrichtungen gab es in Irland seit mehreren Jahrhunderten und bis weit ins zwanzigste Jahrhundert hinein. Man nannte sie *Magdalene laundries*, Magdalenen-Wäschereien – warum, das sage ich gleich. Im Mittelalter – übrigens auch im restlichen Europa – waren Magdalenenklöster Institutionen, wo man reuige Dirnen rehabilitierte. Ab etwa 1800 wurde es dann vor allem in Irland üblich, dass die Ex-Prostituierten in den klösterlichen Wäschereien schuften mussten. In Erinnerung an die biblische Sünderin Maria Magdalena die Sünden des Fleisches abarbeiten, das war die Losung. Cleveres Geschäftsmodell der Klöster, wie sich herausstellte. Mit der Zeit wurden die Heime Zufluchts- oder viel eher Abschiebeorte für andere Sünderinnen, eben die unverheirateten Mütter, egal ob vergewaltigt oder aus Liebe schwanger geworden. Aber nur die Frauen schob man ab, nie einen Schwängerer – das versteht sich ja von selbst. Die armen Dinger wurden eingesperrt, oft für unbestimmte Dauer. Und sie mussten sich in den Wäschereien in größter Hitze und Feuchtigkeit abschinden, manchmal zehn Stunden am Tag und sieben Tage in der Woche. *Forced labour*, Zwangsarbeit, Sklaverei – kein Wort ist zu stark dafür. Zwischen 1922 und 1996 versenkte man mehr als zehntausend Mädchen und Frauen in den *Magdalene laundries*, rund ein Viertel von ihnen unter gütiger Mitwirkung staatlicher Stellen. Die Klöster verdienten mit den *girls* ein Heidengeld, denn Löhne wurden selbstredend keine ausbezahlt. Stattdessen gab es oft knappes Essen, viele Schmähungen, Psychoterror durch die Nonnen, Zensur des einen Briefs, den die bedauernswerten Mütter pro Monat schreiben oder erhalten durften. Dazu die völlige Unkenntnis über ihr zukünftiges Schicksal. Es gab Frauen, die lebten fünfzig Jahre in diesen Institutionen, kamen nie frei. Das muss man sich einmal vorstellen! Nur weil sie ohne Trauschein ein Kind bekommen hatten. Anderen gelang die Flucht, mit nichts außer den Kleidern, die sie gerade trugen. Die katholische Kirche als Betreiberin dieses brutalen Systems weiblicher Zwangsarbeit wurde selbstverständlich nicht in Frage gestellt.«

»Und die Babys der Frauen hatten kaum eine Chance«, ergänzt Helen.

»Genau. Jetzt kommen wir zu den Leichen von heute und denen in Tuam. Viele Kleinkinder starben in den Heimen, weil die Mütter vor lauter Stress zu wenig Muttermilch hatten, weil man gegen Krankheiten wenig oder nichts unternahm, weil die Babys von den Nonnen vernachlässigt und schlecht ernährt wurden. Wo man die Kleinen verscharrte oder entsorgte, haben wir gesehen. An verborgenen Orten wie unterirdischen Zisternen, Abwassergruben, Höhlen. Die Nonnen dokumentierten akribisch jeden Todesfall samt Todesursache, diese war oft erfunden, aber sie verschwiegen, was danach mit den Leichnamen geschah. Die überlebenden Kinder verkauften die Klöster gegen viel Geld an adoptionswillige Ehepaare in den USA und verwischten die Spuren. Kaum eine dieser Frauen hat ihr Kind je wiedergesehen.«

Der letzte Schluck Whiskey brennt auf Felchlins Zunge. Unbedingt braucht er jetzt einen zweiten, Carla und den Conollys geht es gleich. Mit vier Gläsern kommt er von der Bar zurück.

»Wie lange überlebten diese fürchterlichen Einrichtungen?«

»Das letzte Magdalenenheim schloss 1996. Die Auffassungen zur Sexualmoral hatten sich allmählich verändert. Obwohl – manche Historiker sagen, der entscheidende Grund für die Schließungen sei die unaufhaltsame Verbreitung der Waschmaschinen gewesen. Die Wäschereien ließen sich nicht mehr rentabel betreiben.« Frank wirft einen ironischen Blick in die Runde. »Aber selbstverständlich ist dies nichts als eine böswillige Unterstellung.«

»Schlimm ist, dass die betroffenen Ordensgemeinschaften und die Regierung bisher nur halbherzig zu ihrer Mitschuld stehen«, ereifert sich Helen. »Mehrere *pressure groups* kämpfen für Gerechtigkeit für die ehemaligen Insassinnen. 2011 haben sie den Fall sogar dem UN-Ausschuss gegen Folter vorgetragen. Vor einem Jahr hat unser Regierungschef endlich eine Entschädigung angekündigt. Doch die Ordensgemeinschaften wollen sich finanziell nicht am Entschädigungsfonds beteiligen. Ist das nicht unglaublich skandalös? Ich bin gespannt, wie die Regierung mit dieser Weigerung umgeht.«

»Was passiert mit den toten Kindern? Weiß man das schon?«, fragt Carla.

Helen und Frank schauen sich an, Helen überlässt die Antwort ihrem Mann.

»Der Entscheid der Regierung steht noch aus. Für mich kommt nur eines in Frage: Jede Leiche muss identifiziert und der Familie übergeben werden, damit sie dem Kind seinen Namen zurückgeben und es würdig bestatten kann. Alles andere wäre nicht human.«

Eine Weile sagt niemand etwas, sogar das Klirren der Eiswürfel in den Gläsern stört die nachdenkliche Stille. Schließlich bricht Frank das Schweigen.

»Irland ist ein wunderschönes Land mit vielen wundervollen Menschen und einer großartigen Kultur- und Literaturgeschichte. Doch was in den letzten Jahren an katastrophalen Geschichten aufgedeckt wurde, die allesamt mit der Kirche zu tun haben – die Wäschereien, Zwangsadoptionen, die bigotte und herzlose Sexualmoral, die Zustände und Missbräuche in den Kinderheimen, die nach wie vor grassierenden sexuellen Übergriffe durch Priester –, längst wäre es ausreichend, um sich vollständig von der Kirche abzuwenden –«

Franks Stimme ist immer leiser geworden, zu Felchlins Bedauern bricht er ab und nimmt den Faden nicht mehr auf. Auch Helen schweigt und lässt den Whiskey im Glas kreisen. Felchlin schaut zu Carla, ihre Blicke treffen sich. Eine Frage nach Franks und Helens Dilemma erübrigt sich. Und sie wäre bei der noch jungen Bekanntschaft mit den Conollys kaum angebracht. Einmal mehr ist Felchlin erleichtert, dass er die Frage nach Religion und Glauben für sich beantwortet hat.

Sie leeren die Gläser. Die Gesprächsthemen wechseln zu Ferienerlebnissen, Carlas und Felchlins Berufen, zu den Kindern, zur EU und weshalb die Schweiz nicht Mitglied ist. Helen gähnt unterdrückt.

»Bevor ich mich schlafen lege, schaue ich nach, was unsere Jungen treiben.«

Alle vier gehen nach hinten und bleiben in der offenen Tür zum Spielzimmer stehen. Moira, Lukas und Sean, Dartpfeile in den Händen, diskutieren lebhaft miteinander, ohne die Erwachsenen zu bemerken. Lukas berührt Moiras Haar, sie lässt es geschehen.

»Good night, kids, see you tomorrow!«, ruft Helen fröhlich und winkt.

Die Jungen schauen hoch und winken zurück.

26

Am nächsten Morgen ist Felchlin der Erste beim Frühstück. Vom Zeitungsgestell in der Lobby schreien ihm die Überschriften der Regenbogenpresse entgegen. Hauptaufmacher sämtlicher Medien sind die Leichenfunde.

Er nimmt die Irish Times und den Irish Examiner mit an den Tisch. Der Examiner wiederholt, was die TV-Abendnachrichten vermittelten. Die Reporterin der Times hingegen hat zur irischen Brüderschaft und zu den Waffenfunden nachgebohrt. Zwei Mitglieder der rechtsextremen Organisation säßen in Untersuchungshaft, und man kenne ihre Namen, weitere Mitglieder würden noch identifiziert. Die Garda ermittle wegen unerlaubten Waffenbesitzes, geplanter Anschläge und mehrerer Angriffe auf Flüchtlinge und Flüchtlingsunterkünfte. Es gelte als sicher, dass die Gruppe mit rechtsextremen Gruppierungen im In- und Ausland vernetzt sei. Die britischen Counter Terror Units seien in letzter Zeit auf Signale vertiefter Aktivität zwischen irischen und Gruppen im UK aufmerksam geworden, insofern sei die Entdeckung von besonderer Bedeutung. In einem Kommentar vermutet die Journalistin, auf die Polizei in Skibbereen warteten mit Sicherheit einige Überstunden; darauf lasse auch die Anwesenheit des Assistant Commissioners Paul Reilly schließen.

Nicht schlecht, ihre Spürnase, denkt Felchlin und faltet die Zeitungen zusammen. Was die Journalistin über die Erkenntnis der Terrorabwehr schreibt, könnte erklären, weshalb die Lederjackengang nervös geworden ist und sie dringend weghaben wollte. Der Maler am Tor hatte recht: Als das Haus noch leer stand, musste niemand niemanden vertreiben. Nach ihrer Ankunft war es anders. Sie störten die Brotherhood massiv. Felchlin gießt sich Tee ein und konzentriert sich auf sein Irish Breakfast.

Carla und die Kinder sitzen noch am Frühstückstisch, als Patrick O'Driscoll an der Rezeption erscheint und nach Felchlin fragt. Mit zwei Kaffeetassen und einer Brioche setzen sich die Männer in den Garten.

»Guter Auftritt, Patrick, sehr professionell. Doch ich wundere mich, dass McAleese nicht am Tisch saß.«

»Reilly hat ihn vorläufig suspendiert. In die Ferien geschickt, wie es offiziell heißt. Der Assistant Commissioner hat ziemlich rasch gemerkt, dass bei uns zu viele Fälle von rechtsextremen Übergriffen versandet sind. Er hat eine Untersuchung veranlasst. Ob jemand von der Garda Sympathisant der Brotherhood ist oder sie aktiv gedeckt hat. Nicht sehr lustig für Mackie. Auch für uns nicht.«

»Das kann ich mir vorstellen.« Felchlin lässt ein paar Sekunden verstreichen. »Wisst ihr inzwischen mehr über die Gang?«

»Die Lederjacke scheint der Anführer zu sein. Er ist aus Church Cross, stellenloser Automechaniker, geschieden, Alkoholprobleme, lokal bekannt als Schlägertyp. Er leugnet alles ab, aber lange dauert es nicht mehr, bis er einknickt. Dafür singt der andere umso lauter, Brian X. Will seine Haut retten. Weitere Namen haben wir auch, dank Ronny. Ronny ist Spezialist beim Knacken konfiszierter Rechner.«

Patrick beißt in die Brioche, kaut und spült mit Kaffee nach.

»Reilly will heute Nachmittag die Babys sehen. Ja, richtig, nicht nur auf den Fotos. Tom Dermott und ich fahren mit ihm zur Höhle. Ich glaube, er ist ziemlich gläubig, geht zur Messe und beichten und so. Der Mann ist echt erschüttert wegen des Funds. Soll noch einer sagen, wir Gardaí hätten keine Gefühle.«

Eine Weile schweigen beide.

»Weißt du etwas Neues vom Priester? Und von Sarah?« Felchlins Kaffee ist inzwischen kalt geworden.

»Beim Rapport vorhin habe ich erfahren, dass er den Missbrauch gestanden hat. Kein Wunder bei dieser Beweislage. Seit einem halben Jahr, nicht länger, behauptet er. Keiner von uns glaubt das. Die Mutter habe sich nicht dagegen gewehrt. Was sie abstreitet. Sie nennt ihn ein Schwein und noch viel schönere Sachen. Ihre Aussagen sind voller Widersprüche. Vorläufig. Schwierige Situation, irgendwie tut mir Sarah leid. Etwas anderes: Der Priester hat ebenfalls von den toten Kindern im Blessed Heart gehört. Er habe mitbekommen, dass man früher die Heimbabys vernachlässigte und sie nach ihrem Tod ohne Begräbnis beseitigte. Solche Gerüchte geisterten anscheinend herum, auch wenn alle vorgaben, nichts Genaues zu wissen. Jeder im Konvent habe davon gehört, sogar die externen Unterstützer, behauptet Brendan. Sobald man nachfragte, hätten alle geschwiegen. Oder sich nicht erinnern wollen.«

Omertà, wie bei der Mafia, denkt Felchlin. Ein eiserner Ring aus Schweigen um ein schlimmes Geheimnis. Nur wenig sickert durch, doch es genügt, dass es die Leute beschäftigt und ihnen keine Ruhe lässt.

Kavanagh fällt ihm ein. Der alte Kavanagh hatte doch auch etwas mit den Children of the Blessed Heart zu tun. Felchlin klickt sich durch seine Fotos bis zur Gedenktafel in der Kirche. *»To the memory of our friend and benefactor Robert Kavanagh, born July 4, 1920, died January 21, 2005«*. Auch auf Kavanaghs Grabmal in der Ruine steht »Menschenfreund und Wohltäter«.

Alles schöner Schein? Wenn der alte Kavanagh von den toten Kindern gehört hat, weiß es vielleicht auch der Sohn. Und reagierte deshalb so seltsam, als Felchlin die Kinderstimmen erwähnte. Vielleicht leben hier mehr Menschen, die von dem

Skandal wussten, als man sich vorstellen kann. Er steckt das Smartphone ein.

»Noch etwas, Patrick. Habt ihr ein Budget für Weiterbildungen im Ausland?«

Patrick schaut Felchlin verständnislos an.

»Ich glaube schon. Tom Dermott war mal ein paar Tage bei der Police in England oder Schottland. Weshalb?«

»Ich möchte dich nach Zürich einladen, für ein oder zwei Wochen. In mein Team. Wir alle sprechen ein bisschen Englisch und könnten von dir einiges lernen; über Führung zum Beispiel. Und vielleicht wäre es auch für dich interessant.«

Über Patricks Gesicht zieht eine feine Röte.

»Machst du Witze? *But – I'd love to come!*«

»Gut, ich kümmere mich darum. Finanziell haben wir mehrere Möglichkeiten, und wenn du willst, kannst du bei mir wohnen. Ich habe genug Platz.«

Patrick druckst ein bisschen herum, lacht verlegen.

»Sorry, wenn ich einfach so frage, aber – deine Miss wohnt nicht bei dir?«

Felchlin schüttelt den Kopf.

»*It's complicated.* Aber nicht ganz hoffnungslos. Und du? Lebst du allein?«

»Eine Beziehung ist vor einem Jahr auseinandergegangen. Seither – noch nichts Neues.«

Patrick zeigt wenig Lust, das Thema zu vertiefen. Felchlin holt frischen Kaffee, dann sprechen sie über Zürich, Cork, Guinness und Gaelic Football. Patrick schaut auf die Uhr.

»Lange Kaffeepause, *I'd better get going*. Das war's dann wohl für eine Weile. War schön, dich kennenzulernen.«

Vor dem Hotel umarmen sie sich kurz.

»Du hörst von mir, Patrick. Und danke, für alles.«

»*No problem, Markus. See you, hopefully soon.*«

Kurz vor Mittag ruft Susan an. Deirdre sei recht gut in der Pflegefamilie angekommen. Sie spreche zwar kaum ein Wort, esse aber bei den Mahlzeiten. Die Familie besitze einen Hund und zwei Katzen, Deirdre sei die meiste Zeit bei den Tieren. Sie würde gern die Pferde beim See besuchen, so etwas habe sie geflüstert. Ob das für Felchlin einen Sinn ergebe? Ja? Dann sei auch die Pflegefamilie einverstanden.

Allmählich wird den Kindern bewusst, dass die Ferien am nächsten Tag zu Ende gehen. So vieles möchten sie noch unternehmen, manches noch einmal sehen oder besuchen oder essen. Wie Insekten schwirren Chloës Pläne und Severins Wünsche um die Köpfe der Erwachsenen. Und dass Lukas' erster Liebeskummer in wenigen Stunden zuschlagen wird, macht die Stimmung nicht besser.

Zum Glück kann Felchlin eine Überraschung ankündigen: Nach dem Mittagessen holen sie Deirdre bei der Pflegefamilie ab und fahren zum Anwesen am See. Schlagartig ist aller Kummer vergessen, Chloë hopst vom Stuhl, Severin schreit, er wolle auch die Esel sehen, und Lukas fragt, ob Moira mitkommen dürfe. Carla schlägt vor, sie sollten das Badezeug mitnehmen, den See habe sie richtiggehend vermisst. Also packen sie für Deirdre zur Sicherheit ein Höschen und T-Shirt von Chloë ein. Felchlin darf nicht vergessen, das Saxofon mitzunehmen und dem Verleiher zurückzubringen. Morgen bleibt dafür keine Zeit, sie müssen früh aufbrechen, noch bevor die Geschäfte öffnen. Der Flieger zurück nach Zürich wartet nicht.

Gemessen an der Anzahl geblasener Töne war das Horn ein teurer Spaß, denkt Felchlin, als er das Instrument in den Kofferraum legt. Doch ohne das Saxofon wäre er kaum über die Heidehügel gelaufen und in das Loch gestolpert. Von der Höhle mit ihrem schrecklichen Geheimnis hätte er nie etwas geahnt. Es war wie der Tropfen, der alles zum Überfließen brachte. Alle bisherigen Ereignisse bekamen jäh eine Dringlichkeit, die er nicht länger ausblenden konnte.

Ohne das Saxofon wären die toten Kinder vielleicht noch lange unentdeckt geblieben.

Zufall?

Carla würde das wohl anders sehen.

Epilog

Aus der Vogelperspektive sieht dieser Abschnitt der Südküste Irlands wie ein Flickenteppich aus: Sattgrüne Rechtecke aus Weideland heben sich von den braunen Streifen der Torffelder und olivgrünen, von Farnen und Heidekraut überwachsenen Hügelflecken ab. Da und dort glitzert der Spiegel eines Sees oder Tümpels in der Sonne. Zur Blütezeit des Heidekrauts überzieht violetter Schimmer das Braungrün des Landstrichs, dazwischen leuchten gelbe Halden von blühendem Ginster. Einzelne Höfe und Häuser, eine Ansammlung größerer Gebäude neben einer Kirche, hie und da eine Baumgruppe oder ein Wäldchen sprenkeln das dünn besiedelte Küstengelände. Mit hellen Strichen schneiden die Straßen Nähte durch die Landschaftsdecke; wo sie ans Meer grenzt, zerfranst sie zu felsgesäumten Buchten. Unablässig schlägt die Nordsee gegen das Steilufer.

Bei einem Anwesen in der Nähe eines kleinen Sees fährt ein Auto durch das Tor und hält neben einem Handwerkerwagen. Drei Kinder, zwei junge Erwachsene und ein etwas älteres Paar steigen aus. Ein Mädchen mit ungezähmtem Haar und hellgrünem T-Shirt eilt zum Zaun, der die zum See abfallende Weide vom Garten abgrenzt. Zögernd folgt ihm das andere, etwa gleichaltrige Mädchen mit Zöpfen und einem blassblauen Kapuzenpullover. Nebeneinander lehnen sie über die Schranke. Drei Pferde, ein schwarzes, ein weißes und ein falbes, heben ihre Köpfe und trotten gemächlich zu den Kindern. Ein kleiner Junge drängt sich dazu, das Mädchen im grünen Shirt hebt ihn hoch. Ausgiebig streicheln die Kinder die drei Pferde und glätten die zerzausten Mähnen.

Die Erwachsenen unterhalten sich mit einem Mann im

blauen Überkleid, der mit einer Werkzeugkiste aus dem Haus getreten ist. Gemeinsam gehen sie hinter das Haus. In einer Grube nahe der Hauswand beugt sich ein zweiter Arbeiter über ein Ablaufrohr. Eine Weile betrachten alle die Grube, dann fasst der junge Erwachsene seine Begleiterin an die Hand. Zurück vor dem Haus blicken sie durch die Fenster ins Innere. Das ältere Paar, er athletisch, mit kurzen dunklen Haaren, sie mit einem Tuch um die roten Haare, folgt dem jungen Paar.

Der ältere Mann holt Rucksäcke und Taschen aus dem Auto und ruft den Kindern beim Zaun etwas zu. Die Gruppe entfernt sich vom Haus in Richtung See. Der kleine Junge rennt voraus, dahinter folgen die halbwüchsigen Mädchen und das ältere Paar. Den Schluss macht das junge Paar. Einmal bleibt es stehen und tauscht einen langen Kuss.

Unter Bäumen dämmert eine verfallende und von der Natur zurückeroberte Kapelle. Durch das eingestürzte Dach malt die Sonne Kringel auf üppig wucherndes Blattwerk. Die Gruppe schaut kurz hinüber, läuft weiter. Wie aufgereiht stehen drei Esel zwischen Farnkraut und Ginsterbüschen und blicken unbeweglich auf die Menschen hinunter. Die rothaarige Frau beugt sich zu dem kleinen Jungen, umarmt ihn, sie lachen.

Der Pfad mündet auf das kiesbedeckte Ufer eines Flusses, der vom See her in Richtung Meer strömt und nach wenigen Metern zwischen Felsen verschwindet. Die Kinder und das junge Paar legen die Rucksäcke ab, sie bücken sich nach den Kieseln. Einer nach dem anderen schiefern die Steine ins vorüberziehende Wasser, kleine Fontänen spritzen hoch, die Kinder lachen. Das Mädchen mit den Zöpfen hat die Hände in den Ärmeln seines Pullovers verborgen und schaut zu.

Unvermittelt geht ein Ruck durch die Gruppe. Der bis jetzt lebhaft strömende Fluss steht auf einmal vollkommen still. Ein dicker Wulst aus Wasser wölbt sich zwischen den Ufern hoch, verharrt einen Augenblick wie ein lebendiges bebendes Wasserwesen und fällt lautlos in sich zusammen. Und als ob er nie etwas anderes getan hätte, fließt der Fluss jetzt in umgekehrter Richtung, vom Meer in den See.

Ein gellender Schrei hat sich aus dem Mund des Kapuzenmädchens gelöst, und wie von einem Dämon getrieben rennt es den Hügel hoch. Der ältere Mann setzt ihm nach, überholt es und bringt es, ohne es zu berühren, nach einigen Augenblicken zum Stehen. Er spricht lange mit ihm, redet ihm zu. Nach einer Weile setzen sie sich nebeneinander ins Gras. Ohne den Blick einmal zu heben, starrt das Kind zu Boden.

Langsam hat sich die Gruppe den Abhang hinaufbewegt und einen schützenden Kreis um die beiden gebildet. Alle sitzen oder kauern im Gras, die Frau mit den roten Haaren neben dem Mädchen. Ihre Hände bewegen sich gegen das Meer und zurück in die andere Richtung, sie zeichnen Wellen in die Luft, Strömungen, einen Wasserwulst, der aufsteigt, sich in sich zurückfaltet und tänzelnd weiterfließt, bis er sich vollkommen beruhigt. Langsam hebt das Kind sein Gesicht. Es schaut auf die Hände der Frau, auf den still dahineilenden Fluss. Nur wer genau hinsieht, erahnt, dass es nickt.

Eine Weile noch schauen alle dem ruhigen Strömen zu. Dann springt der kleine Junge hoch und zerrt am Arm seiner Mutter. Einer nach dem anderen stehen sie auf, laufen hinunter zur Kiesbank. Sie ziehen die Rucksäcke an, hängen die Taschen um. Zu zweit, zu dritt, das Mädchen mit dem Kapuzenpullover mitten unter ihnen, schlagen sie den Pfad zum See ein.

Anmerkungen

Sämtliche Personen sind frei erfunden. Einige Lokalitäten existieren, so der Fluss, der seine Richtung wechselt, andere Orte sind fiktiv.

Realer Hintergrund des Romans sind die irischen »Mother and Baby Homes« und insbesondere die Entdeckung und Ausgrabung von siebenhundertsechsundneunzig Baby- und Kleinkinderleichen im Untergrund eines ehemaligen Klosters in Tuam, County Cork Galway, Irland, im Mai 2014.

Nach den Ausgrabungen vermutete die eingesetzte Regierungskommission, weitere Massengräber könnten ans Licht kommen, hatten verschiedene Orden doch zahlreiche »Mother and Baby Homes« in ganz Irland geführt.

Der im Oktober 2020 publizierte Abschlussbericht der irischen Regierung schätzt, dass von 1922 bis 1989 circa sechsundfünfzigtausend unverheiratete schwangere Frauen in solche kirchlichen und staatlichen Heime gesteckt wurden und dort insgesamt siebenundfünfzigtausend Kinder zur Welt brachten. Inoffizielle Schätzungen sprechen von über achtzigtausend Schwangeren und entsprechend mehr Neugeborenen. Die Sterberate der Heimkinder – wegen Vernachlässigung, Mangel an Pflege und ungenügender Nahrung – war doppelt so hoch wie der irische Durchschnitt. Eine unabhängige Untersuchungskommission beziffert die Anzahl der verstorbenen Kinder in den untersuchten Heimen auf rund neuntausend. 1943 beispielsweise starben in einem Heim im County Cork drei Viertel aller dort geborenen Kinder. Überlebende Kinder verkauften die Ordensleute häufig an adoptionswillige Ehepaare in den USA. Illegale Adoptionen ohne Zustimmung der Mütter gehörten zur Tagesordnung. Die zum Teil noch minderjährigen Frauen wurden gehalten wie Gefangene und ohne Lohn zu schweren Arbeiten gezwungen.

1998 schloss in Dublin das letzte »Mother and Baby Home«. Die Gesundheitsakten, die nachweisen, dass in den Heimen Impfexperimente durchgeführt wurden, behält das irische Gesundheitsamt trotz juristischer Interventionen nach wie vor unter Verschluss (Stand Mai 2022). Bis heute unterstützt der irische Staat katholische Institutionen, die an den Missbräuchen beteiligt waren, und bis heute warten die betroffenen Frauen vergeblich auf Reparationen durch die katholische Kirche.

Zum Vertiefen des Themas:

Dan Barry, The Lost Children of Tuam. New York Times, 28 October 2017

Mother and Baby Homes. Commission of Investigation. Final Report, 30 October 2020

http://www.mbhcoi.ie/mbh.nsf/page/LPRN-BX7L4E15252212-en/$File/Final%20Report.pdf

Dank

Danken möchte ich dem irischen Dichter Paul Muldoon, dass ich sein wundervolles Gedicht »At Tuam« an den Anfang dieses Buchs stellen durfte.

Mein herzlicher Dank geht auch an Margaret Kelleher, Cork, für ihre großzügige Gastfreundschaft.

Ich danke Petra Baumann von der Opferberatungsstelle des Kantons Glarus und Linda Borner von der Fachstelle Lantana, Opferhilfe bei sexueller Gewalt, Bern, für die hilfreichen Informationen.

Ebenso danke ich Mirella Candreia, Religionsredaktorin SRF, für wertvolle Ergänzungen zu den zeitgeschichtlichen Anmerkungen.

Lust auf weitere Lektüre?

J. F. Dam

Brennende Zedern

ISBN 978-3-89425-776-7
Auch als E-Book erhältlich

Worte sind tödlicher als Waffen

Der deutsch-libanesischen Journalistin Laya Niering werden glaubhafte Informationen zugespielt, die auf einen bevorstehenden islamistischen Anschlag von großer Tragweite hindeuten. Doch während der Recherche kommen ihr Zweifel: Der Bürgermeister wird brutal ermordet vor der neuen Migrantensiedlung aufgefunden, eine junge Frau aus der rechten Szene begeht Selbstmord, eine verkohlte Leiche wird in einer Chemieanlage gefunden, die offiziell nicht existiert. Ist die Bedrohung durch den Anschlag wirklich real? Oder soll Layas Artikel nur Wut und Hass in der Gesellschaft schüren und damit schlimmstenfalls sogar einen Bürgerkrieg mitten in Deutschland initiieren? Als Laya klar wird, wer ihr wahrer Gegner ist und dass sie nur als Marionette in einem perfiden Spiel dienen soll, holt sie zum Gegenschlag aus …

Ein brillant skizziertes Krisenszenario in Zeiten des Populismus.

grafit

Abrechnung am Fjord

Frank Dommel

Gott aus Stroh

ISBN 978-3-89425-682-1
Auch als E-Book erhältlich

Zwei Väter. Zwei Mörder.
Zwei Männer. Zwei Schicksale.
Ein Leben für ein Leben.
Ein Spiel, das keinen Gewinner kennt.

Nach einem traumatischen Vorfall im Dienst nimmt sich der deutsche Kommissar Falk Sebastiani eine Auszeit in Norwegen. Doch die Ruhe in der Abgeschiedenheit der Finnmark ist trügerisch: Die Gegend ist Teil der »Arktisroute«, über die Geflüchtete illegal ins Land geschleust werden – mit zum Teil dramatischen Folgen. Zudem verdichten sich die Hinweise, dass Falks Tochter Hannah, die in Oslo lebt und die er seit Jahren nicht mehr gesehen hat, in einen Mordfall verwickelt ist. Die Suche nach ihr bringt Falk an die Grenzen des Erträglichen. In der unbarmherzigen Wildnis sieht er sich mit einem Gegner konfrontiert, der für Hannahs Taten den ultimativen Preis verlangt: ein Leben für ein Leben …

Nordic Crime trifft auf Country noir. Gnadenlos, kraftvoll, aufwühlend.